TECHNICAL ANALYSIS OF SHIELD
TUNNELING CONSTRUCTION CASES
IN ROCK FORMATIONS

岩石地层盾构施工案例技术分析

主 编 郭信君 唐卓华

东南大学出版社
SOUTHEAST UNIVERSITY PRESS
·南京·

图书在版编目(CIP)数据

岩石地层盾构施工案例技术分析 / 郭信君，唐卓华主编. -- 南京：东南大学出版社，2024.11. -- ISBN 978-7-5766-1733-7

Ⅰ. U455.43

中国国家版本馆 CIP 数据核字第 2024YB6567 号

责任编辑：魏晓平　　责任校对：韩小亮　　封面设计：王　玥　　责任印制：周荣虎

岩石地层盾构施工案例技术分析
Yanshi Diceng Dungou Shigong Anli Jishu Fenxi

主　　编	郭信君　唐卓华
出版发行	东南大学出版社
出 版 人	白云飞
社　　址	南京市四牌楼 2 号　邮编：210096
网　　址	http://www.seupress.com
电子邮箱	press@seupress.com
经　　销	全国各地新华书店
印　　刷	广东虎彩云印刷有限公司
开　　本	700 mm×1 000 mm　1/16
印　　张	11
字　　数	128 千字
版　　次	2024 年 11 月第 1 版
印　　次	2024 年 11 月第 1 次印刷
书　　号	ISBN 978-7-5766-1733-7
定　　价	58.00 元

本社图书若有印装质量问题，请直接与营销中心联系，电话：025 - 83791830。

编写委员会

主　任：张挺军　陈志宁
副主任：王寿强　郁　犁　刘凤洲
主　编：郭信君　唐卓华
副主编：张　正　赵红光　史林肯
编　委：任　勇　余云翔　王理想　张　震　申军波
　　　　张胜龙　周清福　易金舫　潘庆华　斯明勇
　　　　栾　磊　张卫东　邢慧堂　察伟亚　邱家利
　　　　吴　涛　任我行　罗凤江

目录
CONTENTS

第1章 岩石地层特性 ········· 001

  1.1 岩石构成和地质分类 ········· 003
    1.1.1 岩石构成 ········· 003
    1.1.2 岩石地质分类 ········· 005

  1.2 岩石物理性质 ········· 007
    1.2.1 岩石的密度、容重和比重 ········· 008
    1.2.2 岩石的孔隙性 ········· 009
    1.2.3 岩石的水理性 ········· 010

  1.3 岩石力学性质 ········· 013
    1.3.1 岩石的强度特性 ········· 013
    1.3.2 岩石的变形特性 ········· 020
    1.3.3 岩石的流变特性 ········· 026

  1.4 影响岩石力学性质的主要因素 ········· 026
    1.4.1 矿物成分 ········· 026
    1.4.2 岩石结构构造 ········· 027
    1.4.3 水 ········· 027
    1.4.4 温度 ········· 028
    1.4.5 岩石风化程度 ········· 028

  1.4.6 围压 ·· 028
  1.4.7 加载速率 ·· 029
 1.5 工程岩体分级 ·· 029
  1.5.1 岩石坚硬程度分级 ·································· 029
  1.5.2 岩体完整程度分级 ·································· 032
  1.5.3 岩体基本质量分级 ·································· 034

第2章 盾构刀盘选型关键技术 ·································· 037

 2.1 盾构掘削效能影响因素 ···································· 039
  2.1.1 刀盘设计参数的影响 ································ 039
  2.1.2 刀具布置的影响 ···································· 040
 2.2 刀盘参数设计 ·· 041
  2.2.1 刀盘形式选择 ······································ 041
  2.2.2 开口率计算 ·· 042
  2.2.3 总推力计算 ·· 043
  2.2.4 扭矩计算 ·· 045
  2.2.5 贯入度选择 ·· 048
 2.3 岩刀具布置 ·· 048
  2.3.1 滚刀破岩机理 ······································ 048
  2.3.2 刀具布置原则 ······································ 050
  2.3.3 刀间距布置 ·· 051
  2.3.4 刀高差布置 ·· 052
  2.3.5 刀座安装方式 ······································ 054
  2.3.6 刀具组合类型 ······································ 056
 2.4 盾构刀具磨损机理 ·· 057
  2.4.1 磨损分类 ·· 057

        2.4.2 磨损机理 ·· 058
        2.4.3 磨损量计算 ·· 058
        2.4.4 减磨措施 ·· 059

第3章 闪长岩地层盾构施工案例技术分析 ·················· 063

3.1 闪长岩地层特性 ·· 065
3.1.1 工程地质与水文地质 ······································ 065
3.1.2 闪长岩物理力学特性 ······································ 068
3.1.3 闪长岩地层对盾构施工的影响 ························· 075
3.1.4 围岩分级建议 ··· 077

3.2 闪长岩地层盾构刀盘选型 ···································· 078
3.2.1 刀盘设计参数 ··· 078
3.2.2 刀具布置 ··· 081

3.3 闪长岩地层盾构低效掘进 ···································· 082
3.3.1 低效掘进概况 ··· 082
3.3.2 原因分析 ··· 083
3.3.3 预防控制措施 ··· 088

3.4 闪长岩地层盾构刀具磨损 ···································· 091
3.4.1 刀具磨损概况 ··· 091
3.4.2 原因分析 ··· 093
3.4.3 预防控制措施 ··· 094

3.5 闪长岩地层螺旋机喷涌 ······································· 096
3.5.1 螺旋机喷涌概况 ·· 096
3.5.2 原因分析 ··· 098
3.5.3 预防控制措施 ··· 099

3.6 闪长岩地层盾构施工经验总结 ······························· 105

第4章 灰岩地层盾构施工案例技术分析 ·········· 109

4.1 灰岩地层特性 ·········· 111
4.1.1 工程地质与水文地质 ·········· 111
4.1.2 灰岩物理力学特性 ·········· 115
4.1.3 灰岩地层对盾构施工的影响 ·········· 117
4.1.4 围岩分级建议 ·········· 118

4.2 灰岩地层盾构刀盘选型 ·········· 119
4.2.1 刀盘设计参数 ·········· 119
4.2.2 刀具布置 ·········· 122

4.3 灰岩地层岩溶处理 ·········· 123
4.3.1 岩溶探测 ·········· 123
4.3.2 风险规避 ·········· 123
4.3.3 处理原则 ·········· 124
4.3.4 隧道外处理 ·········· 125
4.3.5 隧道内处理 ·········· 127
4.3.6 处理效果检测 ·········· 128

4.4 灰岩地层盾构姿态控制 ·········· 128
4.4.1 盾构抬叩头 ·········· 129
4.4.2 盾构掘进偏移 ·········· 129
4.4.3 盾构卡壳与陷落 ·········· 131

4.5 灰岩地层管片上浮 ·········· 132
4.5.1 管片上浮概况 ·········· 132
4.5.2 原因分析 ·········· 133
4.5.3 预防控制措施 ·········· 134

4.6 灰岩地层盾构施工经验总结 ·········· 136

第5章 砂岩地层盾构施工案例技术分析 ······ 139

5.1 砂岩地层特性 ······ 141
5.1.1 工程地质与水文地质 ······ 141
5.1.2 砂岩物理力学特性 ······ 144
5.1.3 砂岩地层对盾构施工的影响 ······ 147
5.1.4 围岩分级建议 ······ 148

5.2 砂岩地层盾构刀盘选型 ······ 148
5.2.1 刀盘设计参数 ······ 148
5.2.2 刀具布置 ······ 151

5.3 砂岩地层刀具磨损 ······ 152
5.3.1 刀具磨损概况 ······ 152
5.3.2 原因分析 ······ 154
5.3.3 预防控制措施 ······ 155

5.4 砂岩地层刀盘结泥饼 ······ 156
5.4.1 刀盘结泥饼概况 ······ 156
5.4.2 原因分析 ······ 158
5.4.3 预防控制措施 ······ 159

5.5 砂岩地层盾构施工经验总结 ······ 161

参考文献 ······ 163

第1章
岩石地层特性

第 1 章
岩石地层特性

岩石是天然地质作用的产物,其组成成分、组织、构造、致密程度等差异很大。一般而言,大部分新鲜岩石较坚硬致密,孔隙小,透水性弱,力学强度高。岩石是构成岩体的基本组成单元。从微观上来看,岩石由晶体、晶间质、颗粒、胶结质、孔隙、微节理等组织组成;岩石晶体、颗粒具有很高强度,但孔隙、微节理使其强度遭到削弱。从宏观上来看,岩石可看成是连续、均匀、各向同性的介质,大部分具有很高强度;岩体可看成是岩石与弱面(层面、节理、断层)的结合体,弱面使岩体强度遭到削弱,故其强度通常小于岩石强度。鉴于岩石地层盾构施工效率主要取决于盾构刀盘、刀具克服岩石的能力,故本章着重阐述岩石的物理力学性质,对岩体结构面及岩体力学性质的阐述从略。

1.1 岩石构成和地质分类

1.1.1 岩石构成

岩石主要由矿物成分和连接结构构成。

1. 矿物成分

岩石的矿物成分有石英、高岭石、正长石、白云母、斜长石、黑云母、角闪石、辉石、橄榄石、方解石、白云石、黄铁矿等,其含量因岩石成因不同而异。矿物成分的稳定性会影响岩石的抗风化能力、物理性质和强度特性。基性岩主要由易风化的辉石和斜长石组成,非常易风化;酸性岩主要由较难风化的石英、钾长石和酸性斜长石组成；中性岩主要由角闪石和中性斜长石组成，抗风化能力处于两者之间。沉积岩主要由风化产物组成，其在风化作用中稳定性一般较高。变质岩的风化性状与岩浆岩类似。岩石的矿物成分按抗风化相对稳定性通常可以分为稳定、较稳定和不稳定三类，详见表1.1。

表1.1 岩石主要矿物成分抗风化相对稳定性

抗风化相对稳定性	岩石主要矿物成分
稳定	石英、高岭石、正长石、白云母
较稳定	中酸性斜长石、黑云母、角闪石、辉石
不稳定	基性斜长石、橄榄石、方解石、白云石、黄铁矿

2. 连接结构

岩石连接结构类型主要有两种，分别为结晶连接和胶结连接。岩石结晶连接是指矿物颗粒通过结晶相互紧密嵌合在一起，如岩浆岩、大部分变质岩及部分沉积岩的结构连接。矿物颗粒越细、越均匀、玻璃质越少，岩石强度越高、抗风化能力越强，如粗粒花岗岩抗压强度一般只有120 MPa，而同一成分的细粒花岗岩则可达260 MPa。岩石胶结连接是指矿物颗粒通过胶结物连接在一起，如沉积碎屑岩、大部分砂岩及部分黏土岩的结构连接。硅质、铁质、孔隙型胶结的岩石强度高，钙质、泥质、接触型胶结的岩石强度低。岩石中的微结构面(矿物解理、晶格缺陷、晶粒边界、粒间空隙、微裂隙等)对岩石工程性质的影响很大，其存在首先大大降低了岩石(特别是脆性岩石)的强度，其次导致岩石的各向异性，此外，还能改变岩石的弹性波波速、电阻率和热传导率等。

1.1.2 岩石地质分类

根据岩石地质学成因，可将岩石分为岩浆岩、沉积岩和变质岩三大类。

1. 岩浆岩

岩浆岩是由地壳以下岩浆受压冲破地壳深部岩层沿裂缝上升冷凝而成的岩石。依冷凝成岩地质环境的不同，岩浆岩分为深成岩、浅成岩和喷出岩（火山岩）三大类，每一类根据化学成分、酸基性、颜色等的不同又可细分，详见表1.2。

表1.2 岩浆岩分类

化学成分	以 Si、Al 为主			以 Fe、Mg 为主
酸基性	酸性（超酸性略）	中性		基性（超基性略）
颜色	浅色的（浅灰、浅红、黄色）			深色的（深灰、绿色、黑色）
矿物成分	正长石、石英、云母、角闪石	正长石、黑云母、角闪石、辉石	斜长石、黑云母、角闪石、辉石	斜长石、辉石、角闪石、橄榄石
深成岩	花岗岩	正长岩	闪长岩	辉长岩
浅成岩	花岗斑岩	正长斑岩	玢岩	辉绿岩
喷出岩（火山岩）	流纹岩	粗面岩	安山岩	玄武岩
	黑曜岩、浮石、火山凝灰岩、火山碎屑岩、火山玻璃			

深成岩颗粒均匀，多为粗—中粒状结构，致密坚硬，力学强度高，透水性较弱，抗水性较强，工程性质一般较好，但较易风化，形成软弱厚风化壳，岩体完整性和均一性被破坏，质量降低。花岗岩、闪长岩等属于常见深成岩。

2. 沉积岩

沉积岩是先成岩遭受风化剥蚀、生物或火山作用形成的物质，在原地或经外力搬运形成沉积层，又经胶结或成岩作用而成的岩石。按照形成条件及结构特点，沉积岩可分为碎屑岩、黏土岩、化学岩和生物化学岩等，详见表1.3。

表1.3 沉积岩分类

岩类		结构	岩石分类名称
碎屑岩	火山碎屑岩	碎屑结构	火山集块岩（粒径＞100 mm，由岩熔碎块、火山灰尘等经压密胶结而成）；火山角砾岩（粒径2~100 mm，由岩熔碎屑、晶屑及其他碎屑组成）；砾岩（粒径＞2 mm，由砾石胶结而成）；凝灰岩（粒径＜2 mm，由50%以上的火山灰组成）
	沉积碎屑岩		砂岩（粒径0.05~2 mm，由石英、长石及岩屑等组成，石英含量大于90%的为石英砂岩）；粉砂岩（粒径0.005~0.05 mm，由石英、长石粉、黏粒及黏土矿物组成）
黏土岩		泥质结构	泥岩（粒径＜0.005 mm，由高岭石、微晶高岭石及水云母等黏土矿物组成）；页岩（粒径＜0.005 mm，由黏土矿物、有机质组成）
化学岩和生物化学岩		结晶结构及生物结构	石灰岩（由方解石、黏土矿物组成，方解石含量大于90%）；白云岩（由白云石、方解石组成，白云石含量大于90%）

沉积碎屑岩的性质主要取决于胶结物成分、胶结形式、碎屑物成分和特点。一般粉砂岩的强度要比砂砾岩差些，其中硅质胶结石英砂岩强度要比一般砂岩高。

化学岩和生物化学岩最常见的是碳酸盐类岩石，以石灰岩分布最广，结构致密、坚硬、强度较高，在地下水作用下能被溶蚀，形成溶蚀裂隙、溶洞、暗河等，成为渗漏或涌水通道。

3. 变质岩

变质岩是岩浆岩或沉积岩在环境条件改变的影响下发生矿物成分、化学成分及结构构造的变化而形成的。变质岩的性质与变质作用的特点及原岩的性质有关。大多数岩石经过变质作用后，变得结构紧密、抗水性较强、孔隙较小、透水性弱、强度较高，如页岩变质为板岩、角岩等；但也有少数岩石经过变质作用后，变得连接减弱、容易风化、各向异性、强度降低，如花岗岩、砂岩变质为片麻岩等。变质岩的分类详见表1.4。

表1.4 变质岩分类

岩类	构造	岩石分类名称	原岩
片理状岩类	片麻状构造	片麻岩	中酸性岩浆岩、黏土岩、粉砂岩、砂岩
	片状构造	片岩	中基性火山岩、黏土岩、砂岩、白云质泥灰岩
	千枚状构造	千枚岩	黏土岩、黏土质粉砂岩、凝灰岩
	板状构造	板岩	凝灰岩
块状岩类	块状构造	大理岩	石灰岩、白云岩
		石英岩	砂岩、硅质岩
		蛇纹岩	超基性岩

1.2 岩石物理性质

岩石是由固体相、液体相和气体相组成的多相体系。

反映岩石固有物质组成和结构特征的物理量被称为岩石的物理性质指标，主要包括岩石的密度、容重和比重，岩石的孔隙性，岩石的含水性、渗透性和软化性，等等。

1.2.1　岩石的密度、容重和比重

1. 密度

单位体积的岩石质量称为岩石的密度，即：

$$\rho=\frac{m}{V} \tag{1.1}$$

式中：ρ——岩石的密度(t/m^3)；

m——被测岩样的质量(t)；

V——被测岩样的体积(m^3)。

2. 容重

单位体积的岩石重量称为岩石的容重，即：

$$\gamma=\frac{W}{V} \tag{1.2}$$

式中：γ——岩石容重(kN/m^3)；

W——被测岩样的重量(kN)；

V——被测岩样的体积(m^3)。

根据式(1.1)和式(1.2)，可得：

$$\gamma=\rho \cdot g \tag{1.3}$$

式中：g——重力加速度(可取 $9.8\ m/s^2$)。

根据岩石的含水状况，容重分为天然容重、干容重和水饱和容重。地层盾构适应性选型通常选取岩石的天然容重作为岩石力学计算指标。岩石的天然容重可根据岩石的性质和岩样的形态采用量积法(又称直接法)、水中称重法

或蜡封法测定。一般地,岩石天然容重越大,其力学性质也越好,反之,则越差。常见岩石的天然容重详见表1.5。

表1.5 常见岩石的天然容重

岩石名称	天然容重/(kN·m^{-3})	岩石名称	天然容重/(kN·m^{-3})	岩石名称	天然容重/(kN·m^{-3})
花岗岩	23.0~28.0	砂岩	22.0~27.1	片麻岩	23.0~30.0
闪长岩	25.2~29.6	页岩	23.0~26.2	片岩	29.0~29.2
辉长岩	25.5~29.8	硅质灰岩	28.1~29.0	板岩	23.1~27.5
砾岩	24.0~26.6	灰岩	23.0~27.7	大理岩	26.0~27.0
凝灰岩	22.9~25.0	泥质灰岩	23.0	石英岩	28.0~33.0
石英砂岩	26.1~27.0	白云岩	21.0~27.0	蛇纹岩	26.0

3. 比重

岩石固体部分重量和4℃时同体积纯水重量的比值称为岩石的比重,即:

$$G_s = \frac{W_s}{V_s \cdot \gamma_w} \tag{1.4}$$

式中:G_s——岩石的比重;

W_s——岩石固体部分的重量(kN);

V_s——岩石固体部分的体积(m^3);

γ_w——4℃时单位体积纯水的重量(kN/m^3)。

岩石的比重取决于组成岩石的矿物比重及其在岩石中的相对含量。成岩矿物的比重越大,相对含量越高,则岩石的比重越大。岩石的比重可采用比重瓶法测定,一般在2.5~3.3范围内。

1.2.2 岩石的孔隙性

岩石的孔隙性常用孔隙率表示。岩石的孔隙率是岩石

孔隙体积与岩石总体积(包括孔隙体积)之比,即:

$$n = \frac{V_p}{V} \quad (1.5)$$

式中:n——岩石孔隙率;

V_p——岩石孔隙体积(m^3);

V——岩石总体积(m^3)。

岩石的孔隙有的与大气相通,有的不相通,与大气相通的又有大开口、小开口之分,故岩石的孔隙率分总孔隙率、总开孔隙率、大开孔隙率、小开孔隙率和闭孔隙率,计算公式与式(1.5)基本相同。孔隙率是衡量岩石质量的重要物理性质指标。岩石的孔隙率越大,岩石的力学性质则越差,反之,则越好。常见岩石的孔隙率,详见表1.6。

表1.6 常见岩石的孔隙率

岩石名称	孔隙率/%	岩石名称	孔隙率/%	岩石名称	孔隙率/%
花岗岩	0.5~4.0	砂岩	1.6~28.0	片麻岩	0.7~2.2
闪长岩	0.18~5.0	页岩	0.4~10.0	板岩	0.1~0.45
辉长岩	0.29~4.0	灰岩	0.5~27.0	大理岩	0.1~6.0
砾岩	0.8~10.0	泥质灰岩	1.0~10.0	石英岩	0.1~8.7
凝灰岩	1.5~7.5	白云岩	0.3~25.0	蛇纹岩	0.1~2.5

1.2.3 岩石的水理性

岩石与水相互作用时所表现的性质称为岩石的水理性,岩石的水理性主要包括岩石的含水性、渗透性、软化性等。

1. 含水性

岩石在一定条件下含有水分的性能称为岩石的含水

性。它取决于岩石的孔隙数量、大小、开闭程度和分布情况。表征岩石含水性的指标主要为岩石的含水率和吸水率。岩石的含水率和吸水率越大，表明岩石的孔隙越大、数量越多且连通性越好，岩石的力学性质则越差。

（1）岩石的天然含水率

天然状态下岩石中水的质量与岩石的烘干质量的比值，称为岩石的天然含水率，即：

$$\omega = \frac{m_w}{m_{dr}} \tag{1.6}$$

式中：ω——岩石的天然含水率；

m_w——岩石中水的质量；

m_{dr}——岩石的烘干质量。

（2）岩石的吸水率

常温常压下岩石吸入水的质量与岩石的烘干质量的比值，称为岩石的吸水率，即：

$$\omega_a = \frac{m_o - m_{dr}}{m_{dr}} \tag{1.7}$$

式中：ω_a——岩石的吸水率；

m_o——烘干岩石浸水 48 h 后的总质量；

m_{dr}——岩石的烘干质量。

2. 渗透性

度量岩石允许流体通过其孔隙能力的特性称为岩石的渗透性。岩石的渗透性主要取决于岩石孔隙的大小、方向及其相互连通情况。岩石的渗透性可用渗透系数来衡量。绝大多数岩石的渗透性可用达西定律来描述，如果流体是 20 ℃的水，达西定律可以表示成如下形式：

$$Q_x = k \frac{\mathrm{d}h}{\mathrm{d}x} A \quad (1.8)$$

式中：Q_x——单位时间内从 x 方向通过的水量（L^3/s）；

h——水头高度（m）；

A——垂直于 x 方向的横截面面积（m^2）；

k——用水流速度表示的渗透系数（cm/s），其值只取决于岩石的渗透性，与流体性质无关。

常见岩石的渗透系数详见表 1.7。

表 1.7 常见岩石的渗透系数（流体为 20 ℃ 的水）

岩石名称	渗透系数/(cm·s^{-1})	岩石名称	渗透系数/(cm·s^{-1})	岩石名称	渗透系数/(cm·s^{-1})
花岗岩	$3.3 \times 10^{-6} \sim 5.2 \times 10^{-5}$	砂岩	$3 \times 10^{-8} \sim 6 \times 10^{-4}$	片麻岩	$1.2 \times 10^{-3} \sim 1.9 \times 10^{-3}$
闪长岩	$2.2 \times 10^{-7} \sim 2.6 \times 10^{-6}$	页岩	$1 \times 10^{-11} \sim 2 \times 10^{-7}$	片岩	$1.0 \times 10^{-8} \sim 2.0 \times 10^{-7}$
辉长岩	$5.5 \times 10^{-7} \sim 3.8 \times 10^{-6}$	灰岩	$1 \times 10^{-7} \sim 6 \times 10^{-4}$	石英岩	$1.3 \times 10^{-6} \sim 6.4 \times 10^{-6}$

3. 软化性

岩石浸水后强度降低的性能称为岩石的软化性。岩石的软化性常用软化系数来衡量。软化系数是岩样饱水状态的抗压强度与自然风干状态抗压强度的比值，即：

$$\eta_c = \frac{\sigma_{cw}}{\sigma_c} \quad (1.9)$$

式中：η_c——岩石的软化系数；

σ_{cw}——饱水岩样的抗压强度（kPa）；

σ_c——自然风干岩样的抗压强度（kPa）。

岩石的软化系数通常小于 1。常见岩石的软化系数详见表1.8。

表1.8 常见岩石的软化系数

岩石名称	软化系数	岩石名称	软化系数	岩石名称	软化系数
花岗岩	0.80~0.98	砂岩	0.60~0.97	片麻岩	0.70~0.96
闪长岩	0.70~0.90	页岩	0.55~0.70	片岩	0.50~0.95
辉长岩	0.65~0.92	灰岩	0.68~0.94	石英岩	0.80~0.98

岩石地层盾构适应性选型一般较少考虑岩石的崩解性、抗冻性、膨胀性等水理性指标，基本不考虑岩石的比热容、导热系数、热扩散率、热膨胀系数等热学特性指标，故在此从略。

1.3 岩石力学性质

岩石的力学性质是岩石在外荷载作用下所表现的性质。反映岩石在外荷载作用下破坏或出现变形特征的物理量称为岩石的力学性质指标，主要包括岩石的强度特性指标(抗压强度、抗拉强度、抗剪强度等)和岩石的变形特性指标(弹性模量、变形模量、泊松比等)。

1.3.1 岩石的强度特性

岩石在外荷载作用下达到破坏时所承受的最大应力称为岩石的强度，主要包括抗压强度、抗拉强度、抗剪强度等。

1. 抗压强度

(1) 岩石的单轴抗压强度

岩石在单轴压缩荷载作用下达到破坏时所能承受的最

大压应力称为岩石的单轴抗压强度，其值可用单轴压缩试验测定，即：

$$\sigma_c = \frac{P}{A} \quad (1.10)$$

式中：σ_c——岩石的单轴抗压强度(MPa)；

P——岩石试件破坏时的轴向压力(N)；

A——试件的截面面积(mm^2)。

岩石的单轴抗压强度根据岩石含水状态的不同，可分为天然单轴抗压强度、饱和单轴抗压强度和干燥单轴抗压强度。岩石地层盾构适应性选型通常选取岩石的天然单轴抗压强度作为评估指标。

（2）岩石的三轴抗压强度

岩石在三轴压缩荷载作用下达到破坏时所能承受的最大压应力称为岩石的三轴抗压强度，其值可用三轴压缩试验测定。根据加载方式的不同，三轴压缩试验可分为常规三轴压缩试验和真三轴压缩试验。常规三轴压缩试验的侧向荷载条件相等，试件应力状态如图1.1(a)所示（$\sigma_1 > \sigma_2$，$\sigma_2 = \sigma_3$），常规三轴压缩试验是最为基础、最为广泛应用的试验。真三轴压缩试验的三向荷载条件互不相等，试件应力状态如图1.1(b)所示（$\sigma_1 > \sigma_2 > \sigma_3$），对研究岩石在三向应力状态下的力学行为极其重要。岩石的三轴压缩试验最接近自然界中岩石的真实应力状态，常规三轴压缩试验和真三轴压缩试验条件下，岩石的三轴抗压强度均为试件达到破坏时所能承受的最大σ_1值。

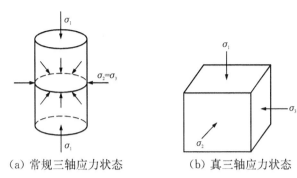

(a)常规三轴应力状态　　　　(b)真三轴应力状态

图 1.1　岩石的三轴压缩试验应力状态示意图

（3）岩石的点荷载强度

对岩石试件施加一对垂直于试件轴线且径向相对的点荷载，直至试件断裂、破坏，间接确定岩石强度的试验方法称为岩石的点荷载试验。岩石的点荷载试验可以测定岩石的点荷载强度指标值，即：

$$I_S = \frac{P}{D_e^2} \quad (1.11)$$

式中：I_S——未经修正的岩石的点荷载强度指标值(MPa)；

P——岩石试件破坏时的荷载(N)；

D_e——试件的等价直径(mm)，对于径向加载的圆柱体试件，$D_e^2 = D^2$，D 为试件直径；对于轴向加载的圆柱体试件，$D_e^2 = 4ZD/\pi$，Z 为试件直径，D 为试件高度，如图 1.2 所示。

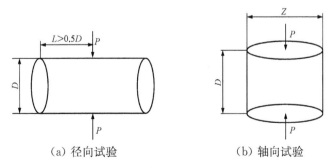

(a)径向试验　　　　(b)轴向试验

图 1.2　径向和轴向加载方式下等价岩芯直径示意图

国际岩石力学与岩石工程学会(International Society of Rock Mechanics and Rock Engineering，ISRM)将直径为 50 mm 的圆柱体试件径向加载点荷载试验的强度指标值 $I_{S(50)}$ 确定为标准试验值，其他非标准试件的点荷载强度指标值根据下式进行修正：

$$I_{S(50)} = kI_{S(D)} \tag{1.12}$$

$$k = 0.2717 + 0.01457D (当 D \leqslant 55 \text{ mm 时}) \tag{1.13}$$

$$k = 0.7540 + 0.0058D (当 D > 55 \text{ mm 时}) \tag{1.14}$$

式中：$I_{S(50)}$——直径 50 mm 的标准试件的点荷载强度指标值(MPa)；

$I_{S(D)}$——直径 D 的非标准试件的点荷载强度指标值(MPa)；

k——修正系数；

D——试件直径(mm)。

岩石的点荷载强度指标值主要用于岩石分级以及单轴抗压强度估算。现场岩石分级时用 $I_{S(50)}$ 作为点荷载强度标准值，单轴抗压强度估算时按下式进行转换：

$$\sigma_c = 24 I_{S(50)} \tag{1.15}$$

式中：σ_c——$L:D=2:1$ 的试件单轴抗压强度值(MPa)。

2. 抗拉强度

岩石在单轴拉伸荷载作用下达到破坏时所能承受的最大拉应力称为岩石的抗拉强度。岩石的抗拉强度可通过直接拉伸试验和间接拉伸试验测定。

(1) 直接拉伸试验

将岩石试件置于专用夹具内,对试件施加轴线拉力直至破坏,即可测得岩石的抗拉强度。计算公式如下:

$$\sigma_t = \frac{P_t}{A} \tag{1.16}$$

式中:σ_t——岩石的抗拉强度(MPa);

P_t——岩石试件受拉破坏时的最大轴向拉伸荷载(N);

A——试件断裂处的横截面面积(mm^2)。

直接拉伸试验试件制备精度要求高,在准备试件方面要花费大量的人力、物力和时间,且易因扭曲破坏和应力集中造成试验失败,故很少被用来测定岩石的抗拉强度。

(2) 间接拉伸试验

① 劈裂试验法

劈裂试验法是通过加载板对圆柱体试件施加径向线荷载至破坏的间接求取岩石抗拉强度的方法,又称为巴西试验法,如图1.3所示。计算公式如下:

$$\sigma_t = \frac{2P}{\pi d t} \tag{1.17}$$

式中:σ_t——岩石的抗拉强度(MPa);

P——试件破坏时的最大压力值(N);

d——试件的直径(mm);

t——试件的厚度(mm)。

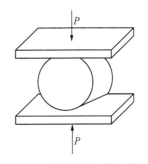

图1.3 劈裂试验加载示意图

② 弯曲梁试验法

弯曲梁试验法是通过测定岩石的抗折强度间接求取岩石抗拉强度的方法，采用的试件可以是圆柱梁，也可以是长方形截面棱柱梁。通常采取三点加载弯曲梁试验法，如图1.4所示，梁受弯折断时所能承受的最大应力称为岩石的抗折强度，记为R_0。

对于圆柱梁试件：

$$R_0 = \frac{8PL}{\pi D^3} \quad (1.18)$$

对于长方形截面棱柱梁试件：

$$R_0 = \frac{3PL}{2ba^2} \quad (1.19)$$

式中：R_0——岩石的抗折强度(MPa)；

P——试件破坏时的最大压力值(N)；

D——圆柱梁试件的横截面直径(mm)；

a、b——分别为棱柱梁试件的横截面高度和宽度(mm)；

L——梁下方两支点间的跨距(mm)。

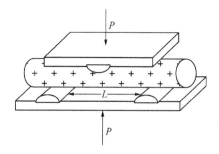

图1.4 三点加载弯曲试验示意图

R_0一般为直接拉伸试验所获得的抗拉强度的2～3倍。

岩石的抗拉强度一般为单轴抗压强度的 1/25～1/4，在无实测值时，一般取单轴抗压强度的 1/10。

3. 抗剪强度

岩石在剪切荷载作用下达到破坏前所能承受的最大剪应力称为岩石的抗剪强度。岩石的抗剪强度可分为抗剪断强度、摩擦强度及抗切强度。抗剪断强度是指试件在一定的法向应力作用下，沿预定剪切面剪断时的最大剪应力；摩擦强度是指试件在一定的法向应力作用下，沿已有层面、节理等破坏面剪切破坏时的最大剪应力；抗切强度是指当试件上的法向应力为 0 时，沿预定剪切面剪断时的最大剪应力。岩石地层盾构施工刀具破岩选型要更多地考虑岩石的抗剪断强度。

岩石抗剪强度常用直接剪切试验或三轴压缩试验测定。

(1) 直接剪切试验

岩石直接剪切试验常用平推法，即将制备好的试件放入剪切盒内，对试件施加法向荷载 P，最后在水平方向上逐级施加水平剪切力 T，直至试件破坏，通过获取不同法向应力 σ 下的抗剪强度 τ，将其绘制在 τ-σ 坐标系中，并采取最小二乘法拟合，求取岩石抗剪强度参数 c、φ 值。岩石抗剪强度可通过下式表示：

$$\tau = \sigma \tan\varphi + c \tag{1.20}$$

式中：σ——作用在剪切面上的正应力(MPa)；

φ——岩石的内摩擦角(°)；

c——岩石的黏聚力(MPa)。

(2) 三轴压缩试验

岩石的三轴压缩试验试件破坏形式表现为剪切破坏,故可用岩石的三轴压缩试验来测定岩石抗剪强度。根据三轴压缩试验获得试件破坏时的最大主应力 σ_1 及相应的侧向应力 σ_3,在 τ-σ 坐标系中以 $(\sigma_1+\sigma_3)/2$ 为圆心、$(\sigma_1-\sigma_3)/2$ 为半径绘制不同侧向压力条件下的莫尔应力圆,根据莫尔-库仑强度准则确定岩石的抗剪强度参数。

常见新鲜岩石的强度指标详见表1.9。

表1.9 常见新鲜岩石的强度指标

岩石名称	抗压强度/MPa	抗拉强度/MPa	内摩擦角/°	黏聚力/MPa
花岗岩	80~250	7~25	45~60	14~50
闪长岩	100~250	10~25	45~60	10~50
辉长岩	100~300	15~36	50~55	10~50
砂岩	20~200	4~25	35~50	8~40
页岩	10~100	2~10	15~40	3~20
灰岩	50~200	5~20	35~50	10~50
片麻岩	50~200	5~20	30~50	3~5
片岩	10~100	1~10	26~65	1~20
石英岩	150~400	10~30	50~60	20~60

1.3.2 岩石的变形特性

岩石在荷载、温度等物理因素作用下发生的形状和大小变化特性称为岩石的变形特性。岩石的变形特性通常用弹性模量、变形模量和泊松比等指标表示,这些指标主要基于岩石单轴压缩试验的应力-应变曲线获得。根据岩石应力-应变-时间关系,岩石变形可分为弹性变形、塑性变形和黏性变形3种。弹性变形根据应力-应变关系又可分为线弹性变形和非线性弹性变形。岩石是矿物的集合体，其力学属性与受力条件、温度等环境因素有关。在常温常压下，岩石既不是理想的弹性体，也不是简单的塑性体和黏性体，往往表现出弹-塑性、弹-黏-塑性、黏-弹性等复合性质。

根据岩石的变形与破坏关系，岩石变形特性可分为脆性和延性。脆性是物体受力后变形很小就发生破裂的性质，延性是物体发生较大塑性变形而不丧失其承载能力的性质。岩石的脆性和延性在一定条件下可以相互转化，如在高温高压下、常温常压下表现为脆性的岩石可表现出一定的延性。

1. 单轴压缩变形特征

岩石在单轴压缩荷载作用下产生变形的全过程可用全应力-应变曲线表示，如图1.5所示（σ表示应力，ε表示应变）。岩石全应力-应变曲线是一条典型的曲线，反映岩石变形特性的一般规律，根据岩石全应力-应变曲线，可将岩石变形划分为以下4个阶段：

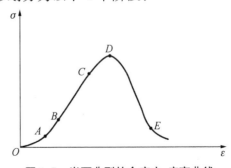

图1.5 岩石典型的全应力-应变曲线

(1) 孔隙裂隙压密阶段（OA 段）：受载初期，岩石内部原有张开性结构面或微裂隙逐渐闭合，岩石被压密，形成早期的非线性变形，应力-应变曲线呈上凹形。此阶段试件横向膨胀较小，试件体积随荷载增大而减小。本阶段在裂隙化岩石中较明显，在坚硬少裂隙岩石中不明显，甚至不显现。

(2) 弹性变形至微裂纹稳定发展阶段（AC 段）：该阶段的应力-应变曲线呈近似直线形，其中 AB 段为弹性变形阶段，BC 段为微裂纹稳定发展阶段。岩石从 B 点开始出现扩容现象，C 点是岩石从弹性转化为弹-塑性或塑性的转折点，称为屈服点。相应于该点的应力为屈服应力（屈服极限），其值约为峰值强度的 2/3。

(3) 裂纹非稳定发展阶段（CD 段）：应力-应变曲线呈上凸型，试样内微裂纹的发展出现质的变化，裂纹不断发展，直至试件完全破坏。试件由体积压缩转为增大，轴向应变和体积应变速率迅速增大。该阶段应力达到最大值，D 点对应的应力称为峰值强度。

(4) 破裂后阶段（DE 段）：试件承载力达到峰值强度后，其内部结构遭到破坏，岩石内裂纹快速发展，交叉且相互联合形成宏观断裂面，但试件基本保持整体状。此后，岩块变形主要表现为沿宏观断裂面的块体滑移，试件承载力随变形增大迅速下降，但并不降为 0，说明破裂后的岩石仍有一定的承载力。E 点对应的应力称为残余强度。

岩石应力-应变曲线随岩石性质不同呈现不同形态。

罗伯特·P. 米勒(Robert P. Miller)采用28种岩石进行大量单轴试验后,根据峰值前的应力-应变曲线将岩石分为6种类型,如图1.6所示。

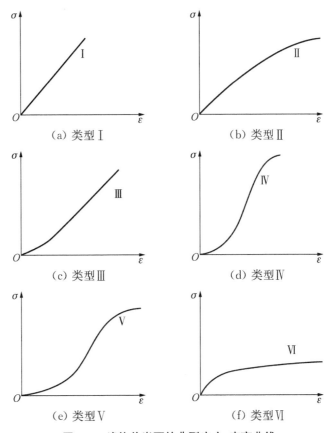

图1.6 峰值前岩石的典型应力-应变曲线

(1)类型Ⅰ:应力-应变曲线是直线或近似直线,直到试件突然破坏为止。具有这种变形性质的岩石有玄武岩、石英岩、白云岩以及极坚硬的石灰岩,这些岩石可被称为弹性体,详见图1.6(a)。

(2)类型Ⅱ:应力较低时,应力-应变曲线近似于直线,当应力增加到一定数值后,应力-应变曲线向下弯曲,随着应力逐渐增加而曲线斜率逐渐变小,直至破坏。具有这种变形性质的岩石有强度较弱的石灰岩、泥岩以及凝灰岩等,这些岩石可被称为弹-塑性体,详见图1.6(b)。

(3) 类型Ⅲ:在应力较低时,应力-应变曲线略向上弯曲,当应力增加到一定数值后,应力-应变曲线逐渐变为直线,直至破坏。具有这种变形性质的岩石有砂岩、花岗岩以及片理平行于压力方向的片岩等,这些岩石可被称为塑-弹性体,详见图1.6(c)。

(4) 类型Ⅳ:在应力较低时,应力-应变曲线向上弯曲,当应力增加到一定值后,变形曲线成为直线,最后曲线向下弯曲,整体呈近似S形。具有这种变形性质的岩石大多为变质岩,如大理岩、片麻岩等,这些岩石可被称为塑-弹-塑性体,详见图1.6(d)。

(5) 类型Ⅴ:形状基本上与类型Ⅳ相同,也呈S形,不过曲线变化较平缓。一般发生在压缩性较高的岩石中,详见图1.6(e)。

(6) 类型Ⅵ:应力-应变曲线开始先有很小一段直线部分,然后有非弹性的曲线部分,并继续不断蠕变。某些软弱岩石具有类似特性,可被称为弹-黏性体,详见图1.6(f)。

在荷载作用下,岩石破坏形态是表现岩石破坏机理的重要特征。岩石试样在单轴压缩荷载作用下破坏时,常见的破坏形式有以下3种:

(1) X状共轭斜面剪切破坏:破坏面与荷载轴线(试样轴线)的夹角 $\beta = \dfrac{\pi}{4} - \dfrac{\varphi}{2}$,如图1.7(a)所示。

(2) 单斜面剪切破坏:β 角的定义与图1.7(a)同,如

图 1.7(b)所示。

以上两种破坏形式是由于破坏面上的剪应力超过其抗剪强度引起的,可视为剪切破坏。

(3) 拉伸破坏(劈裂破坏):在轴向压应力作用下,试样径向产生拉应力,是泊松效应的结果,如图 1.7(c)所示。该类型破坏是径向拉应力超过岩石抗拉强度引起的。

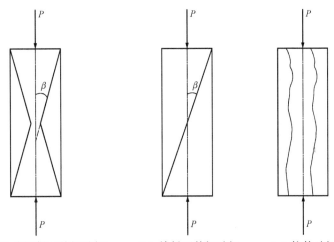

(a) X 状共轭斜面剪切破坏　　(b) 单斜面剪切破坏　　(c) 拉伸破坏

图 1.7　单轴压缩荷载作用下岩石破坏形式

岩石的强度与变形特性不仅与岩石自身的固有属性有关,还受其他因素的影响,如端部效应、尺寸效应、形态效应和加载速率效应等。其中,端部效应是影响岩石变形破坏形式的一个重要因素,可通过对试样端部磨平并涂抹润滑剂来降低"端部效应"的影响。

2. 三轴压缩变形特征

工程实际中岩石处于三向应力状态,导致岩石的变形特性极其复杂。三轴压缩试验是研究岩石在复杂应力状态下力学性质的主要手段,也是建立岩石强度理论的主要试验依据。

三轴压缩试验结果表明：有围压作用时，岩石的变形特征与单轴压缩时不尽相同，随着围压增大，岩石抗压强度、弹性极限及破坏时的变形显著增大，岩石的应力-应变曲线形态发生明显改变，岩石的性质发生变化，即由弹-脆性向弹-塑性、应变硬化进行转化。

岩石在三轴压缩条件下的破坏机制大致可分为脆性劈裂、剪切及塑性流动三类。岩块具体破坏方式，除了受岩石本身性质影响外，很大程度上还受围压的控制。随着围压的增大，岩石从脆性劈裂破坏逐渐向塑性流动过渡，破坏前的应变也逐渐增大。

1.3.3 岩石的流变特性

在外部条件不变情况下，岩石的应变或应力随时间而变化的现象称为岩石的流变，包括蠕变、松弛、弹性后效和长期强度。鉴于盾构施工时，岩石的变形特性是瞬时加载后产生的，与时间基本无关，其时空效应可忽略，故本书对岩石流变的阐述从略。

1.4 影响岩石力学性质的主要因素

影响岩石力学性质的因素很多，如矿物成分、岩石结构构造、水、温度、岩石风化程度、围压、加载速率等，对岩石的力学性质都有影响。

1.4.1 矿物成分

岩石的矿物成分对岩石的力学性质产生直接的影响。

岩石含硬度高的矿物越多,强度越高;含不稳定矿物越多,力学性质随时间的变化越不稳定;矿物颗粒间胶结程度越强,强度越高。

1.4.2 岩石结构构造

岩体中的结构面和构造特征对岩体强度起控制作用。岩浆岩一般呈粒状、斑状、玻璃质结构,颗粒排列一般无一定方向,多呈块状构造;沉积岩一般呈粒状、片架、斑基结构,多呈层理、页片状构造;变质岩一般呈板理、片理、片麻理结构,多呈板状、片理、片麻理构造。结构构造的差异导致了岩石力学性质的不同。

1.4.3 水

岩石中的水通常以结合水、自由水两种方式赋存。结合水对岩石力学性质的影响体现在联结作用、润滑作用和水楔作用3个方面。自由水对岩石力学性质的影响体现在孔隙水压力作用以及溶蚀、潜蚀作用2个方面。

结合水的联结作用对岩石力学性质的影响是微弱的;润滑作用可导致岩石矿物颗粒间联结力减弱、摩擦力减低;水楔作用可导致岩石产生膨胀压力、润滑作用,从而降低岩石强度。自由水的孔隙水压力作用可减小岩石颗粒之间的压应力,从而降低岩石的抗剪强度;溶蚀、潜蚀作用可使岩石中可溶物质被溶解带走,小颗粒被冲走,从而使强度降低、变形加大。

除上述5种作用外,孔隙、微裂隙中的水在冻融时的胀缩作用对岩石力学强度破坏也很大。

1.4.4 温度

在地壳下，温度随深度而增加，岩石随温度增高而延性加大，屈服点降低，强度降低。一般来说，当温度在 90 ℃以内（深度 3 000 m）时，对岩石不会产生显著的影响。故盾构施工除了一些特殊项目，一般不需要考虑温度对岩石力学性质的影响。

1.4.5 岩石风化程度

风化作用对岩石力学性质的影响主要体现在 3 个方面：一是降低岩体结构面的粗糙程度并产生新的风化裂隙，使岩体被再次分裂成更小的碎块，进一步降低岩体的完整性；二是在化学风化过程中，矿物成分发生变化，原生矿物经水解、水化、氧化等作用后，逐渐被次生矿物替代，且次生矿物随风化程度加深而逐渐增多；三是岩石成分结构和构造发生变化，致使岩石力学性质随之改变，一般是抗水性降低、亲水性增强，力学性质降低、压缩性提高，孔隙性增加、渗透性增强。总之，岩石在风化应力作用下，其力学性质大大劣化。

1.4.6 围压

岩石的脆性和延性随着受力状态的改变可以相互转化，岩石的峰值强度和破坏时的变形量均随着围压增大而显著增加。在三轴压缩条件下，岩石的变形、强度和弹性极限都显著增大。

1.4.7 加载速率

在加载试验中，加载速率对岩石的变形和强度均有显著影响。加载速率越快，测得的强度指标和弹性模量越大；加载速率越慢，测得的强度指标和弹性模量越小。对于多数岩石，在弹性变形阶段，加载速率对岩石力学性质影响不明显，而裂纹发展阶段影响显著。

1.5 工程岩体分级

工程岩体分级是确定岩体力学参数的主要方法，常见工程岩体分级有岩体基本质量（Basic Quality，BQ）分级、地质力学分级以及巴顿岩体质量分级等。岩体 BQ 分级法是我国国家标准推荐使用的方法，该方法通过考虑岩石坚硬程度和岩体完整程度两个因素，采用定性划分与定量指标相结合方式，先确定岩体基本质量，再结合具体工程特点确定工程岩体级别，适用于地下、边坡、地基等岩石工程，本书着重阐述岩体 BQ 分级法，其他相关岩体分级方法从略。

1.5.1 岩石坚硬程度分级

1. 定性划分

岩石坚硬程度的定性划分详见表 1.10。

岩石坚硬程度定性划分时，其风化程度划分详见表 1.11。

表 1.10　岩石坚硬程度的定性划分

坚硬程度		定性鉴定	代表性岩石
硬质岩	坚硬岩	锤击声清脆,有回弹,震手,难击碎,基本无吸水反应	未风化或微风化的花岗岩、闪长岩、辉绿岩、玄武岩、安山岩、片麻岩、石英岩、石英砂岩、硅质砾岩、硅质石灰岩等
	较硬岩	锤击声较清脆,有轻微回弹,稍震手,较难击碎,有轻微吸水反应	1. 微风化的坚硬岩; 2. 未风化或微风化的大理岩、板岩、石灰岩、白云岩、钙质砂岩等
软质岩	较软岩	锤击声不清脆,无回弹,较易击碎,浸水后指甲可刻出印痕	1. 中等风化或强风化的坚硬岩、较硬岩; 2. 未风化或微风化的凝灰岩、千枚岩、泥灰岩、砂质泥岩等
	软岩	锤击声哑,无回弹,有凹痕,易击碎,浸水后手可掰开	1. 强风化的坚硬岩或较硬岩; 2. 中等风化或强风化的较软岩; 3. 未风化或微风化的页岩、泥岩、泥质砂岩等
极软岩		锤击声哑,无回弹,有较深凹痕,手可捏碎,浸水后可捏成团	1. 全风化的各种岩石; 2. 各种半成岩

表 1.11　岩石风化程度的划分

风化程度	野外特征	风化程度参数指标	
		波速比	风化系数
未风化	结构和构造未变,岩质新鲜,偶见风化痕迹	0.9~1.0	0.9~1.0
微风化	结构和构造基本未变,仅节理面有铁、锰质渲染或矿物略有变色,有少量风化裂隙	0.8~0.9	0.8~0.9

续表 1.11

风化程度	野外特征	风化程度参数指标	
		波速比	风化系数
中等风化	1. 组织结构部分破坏，矿物成分基本未变，沿节理面出现次生矿物，风化裂隙发育。 2. 岩体被节理、裂隙分割成块状（200～500 mm）；硬质岩，锤击声脆，且不易击碎；软质岩，锤击易碎。 3. 用镐难挖，用岩芯钻方可钻进	0.6～0.8	0.4～0.8
强风化	1. 大部分组织结构已破坏，矿物成分已显著变化； 2. 岩体被节理、裂隙分割成块状（20～200 mm），碎石用手可折断； 3. 用镐可挖，用干钻不易钻进	0.4～0.6	<0.4
全风化	1. 结构已基本破坏，但尚可辨认； 2. 岩石已风化成坚硬或密实土状，用镐可挖，用干钻可钻进； 3. 须用机械普遍刨松方能铲挖满载	0.2～0.4	—
残积土	组织结构全部破坏，已风化成土状，用锹镐易挖掘，用干钻易钻进，具有可塑性	<0.2	—

注：1. 波速比为风化岩石与新鲜岩石压缩波速度之比。
2. 风化系数为风化岩石与新鲜岩石饱和单轴抗压强度之比。
3. 岩石风化程度除按表列野外特征和定量指标划分外，也可根据当地经验划分。
4. 花岗岩类岩石可采用标准贯入试验划分。$N \geqslant 50$ 为强风化；$50 > N \geqslant 30$ 为全风化；$N < 30$ 为残积土。
5. 泥岩和半成岩可不进行风化程度划分。

2. 定量指标

岩石坚硬程度可根据饱和单轴抗压强度进行定量划分，详见表 1.12。

表 1.12 岩石坚硬程度的定量划分

坚硬程度	坚硬岩	较硬岩	较软岩	软岩	极软岩
饱和单轴抗压强度 R_c/MPa	>60	60~>30	30~>15	15~>5	≤5

当岩石无饱和单轴抗压强度实测值时，可采用实测的岩石点荷载强度指数进行换算。

$$R_c = 22.82 I_{S(50)}^{0.75} \tag{1.21}$$

式中：R_c——岩石饱和单轴抗压强度值（MPa）；

$I_{S(50)}$——岩石点荷载强度指数（MPa）。

1.5.2 岩体完整程度分级

1. 定性划分

岩体完整程度的定性划分详见表 1.13。

表 1.13 岩体完整程度的定性划分

完整程度	结构面发育程度		主要结构面的结合程度	主要结构面类型	相应结构类型
	组数	平均间距/m			
完整	1~2	>1.0	结合好或结合一般	节理、裂隙、层面	整体状或巨厚层状结构
较完整	1~2	>1.0	结合差	节理、裂隙、层面	块状或厚层状结构
	2~3	0.4~1.0	结合好或结合一般		块状结构
较破碎	2~3	0.4~1.0	结合差	节理、裂隙、劈理、层面、小断层	裂隙块状或中厚层状结构
	≥3	0.2~0.4	结合好		镶嵌碎裂结构
			结合一般		中、薄层状结构

续表 1.12

完整程度	结构面发育程度		主要结构面的结合程度	主要结构面类型	相应结构类型
	组数	平均间距/m			
破碎	≥3	0.2~0.4	结合差	各种类型结构面	裂隙块状结构
		≤0.2	结合一般或结合差		碎裂状结构
极破碎		无序	结合很差	—	散体状结构

注：平均间距指主要结构面间距的平均值。

结构面结合程度应根据结构面的特征划分，详见表1.14。

表 1.14 结构面结合程度的划分

结合程度	结构面特征
结合好	1. 张开度小于 1 mm，为硅质、铁质或钙质胶结，或结构面粗糙，无充填物； 2. 张开度 1~3 mm，为硅质或铁质胶结； 3. 张开度大于 3 mm，结构面粗糙，为硅质胶结
结合一般	1. 张开度小于 1 mm，结构面平直，为钙泥质胶结或无充填物； 2. 张开度 1~3 mm，为钙质胶结； 3. 张开度大于 3 mm，结构面粗糙，为铁质或钙质胶结
结合差	1. 张开度 1~3 mm，结构面平直，为泥质胶结或钙泥质胶结； 2. 张开度大于 3 mm，多为泥质或岩屑充填
结合很差	泥质或泥夹岩屑充填，充填物厚度大于起伏差

2. 定量指标

岩石完整程度可根据岩体完整性指数进行定量划分，详见表1.15。

当岩体无完整性系数实测值时，可采用岩体体积节理系数进行换算，详见表1.16。

表 1.15　岩体完整程度的定量划分

完整程度	完整	较完整	较破碎	破碎	极破碎
岩体完整性系数 K_v	>0.75	0.75~>0.55	0.55~>0.35	0.35~>0.15	≤0.15

表 1.16　岩体完整性系数与岩体体积节理系数的对应关系

岩体体积节理系数 J_v/（条·m^{-3}）	<3	3~<10	10~<20	20~<35	≥35
岩体完整性系数 K_v	>0.75	0.75~>0.55	0.55~>0.35	0.35~>0.15	≤0.15

1.5.3　岩体基本质量分级

岩体基本质量分级，应根据岩体基本质量的定性特征和岩体基本质量指标（BQ）两者相结合，按表 1.17 确定。

表 1.17　岩体基本质量分级

岩体基本质量级别	岩体基本质量的定性特征	岩体基本质量指标（BQ）
Ⅰ	坚硬岩，岩体完整	>550
Ⅱ	坚硬岩，岩体较完整；较坚硬岩，岩体完整	550~451
Ⅲ	坚硬岩，岩体较破碎；较坚硬岩，岩体较完整；较软岩，岩体完整	450~351
Ⅳ	坚硬岩，岩体破碎；较坚硬岩，岩体较破碎—破碎；较软岩，岩体较完整—较破碎；软岩，岩体完整—较完整	350~251
Ⅴ	较软岩，岩体破碎；软岩，岩体较破碎—破碎；全部极软岩及全部极破碎岩	≤250

注：1. 岩体基本质量的定性特征，由表 1.10 和表 1.13 所组合确定。
　　2. 岩石基本质量指标 BQ，由表 1.12 和表 1.15 所确定的 R_c 和 K_v，按下式计算确定：

$$BQ = 100 + 3R_c + 250K_v \qquad (1.22)$$

式中：当 $R_c > 90K_v + 30$ 时，应以 $R_c = 90K_v + 30$ 和 K_v 代入计算 BQ 值；

当 $K_v > 0.04R_c + 0.4$ 时，应以 $K_v = 0.04R_c + 0.4$ 和 R_c 代入计算 BQ 值。

3. 地下工作岩体详细定级，当遇到有地下水、岩体稳定性受结构面影响大或存在由强度应力比所表征的初始应力状态时，应对岩体基本质量指标 BQ 进行修正，修正计算公式如下：

$$[BQ] = BQ - 100(K_1 + K_2 + K_3) \qquad (1.23)$$

式中：$[BQ]$——地下工程岩体质量指标；

K_1——地下工程地下水影响修正系数；

K_2——地下工程主要结构面产状影响修正系数；

K_3——初始应力状态影响修正系数，其计算详见《工程岩体分级标准》(GB/T 50218—2014)，本书从略。

4. 当根据基本质量定性特征和岩体基本质量指标 BQ 确定的级别不一致时，应通过对定性划分和定量指标的综合分析，确定岩体基本质量级别，当两者的级别划分相差达 1 级及以上时，应进一步补充测试。

各基本质量级别岩体的物理力学参数可按表 1.18 近似确定。当岩体无实测物理力学参数时，可根据表中所列参数结合工程实践经验做近似计算分析。

表 1.18 各基本质量级别岩体的物理力学参数

岩体基本质量级别	重力密度/$(kN \cdot m^{-3})$	抗剪断峰值强度		变形模量/GPa	泊松比
		内摩擦角/°	黏聚力/MPa		
Ⅰ	≥26.5	≥60	≥2.1	≥33	<0.20
Ⅱ		50~<60	1.5~<2.1	16~<33	0.20~<0.25
Ⅲ	24.5~<26.5	39~<50	0.7~<1.5	6~<16	0.25~<0.30
Ⅳ	22.5~<24.5	27~<39	0.2~<0.7	1.3~<6	0.30~<0.35
Ⅴ	<22.5	<27	<0.2	<1.3	≥0.35

岩石地层盾构施工案例技术分析
Technical Analysis of Shield Tunneling Construction Cases in Rock Formations

岩石地层盾构适应性选型的关键在于盾构刀盘的选型和刀具的合理配置。鉴于盾构刀盘选型和刀具配置主要受岩石物理力学性质，尤其是岩石天然抗压强度、抗拉强度、抗剪强度等指标影响，故岩石地层盾构刀盘选型和刀具配置应采用实测最大岩石天然物理力学性质指标做计算分析。当无法准确获取岩石实测最大天然物理力学性质指标时，可按岩体基本质量级别参考表 1.18 并结合工程实践经验做充分的近似计算分析，要务必确保刀盘选型及刀具配置有一定的富余和能力储备。

第 2 章
盾构刀盘选型关键技术

2.1 盾构掘削效能影响因素

盾构掘进依靠刀盘克服工作面阻力来实现,刀盘设计参数、刀具布置情况、推力和扭矩的大小以及工作面岩土力学性能等因素,综合决定了盾构掘削效能。盾构刀盘通过刀具对工作面岩土体进行破碎切削实现开挖功能,同时对工作面进行支护以维持掌子面的整体稳定,刀盘和工作面共同组成了复杂的相互作用系统。

2.1.1 刀盘设计参数的影响

影响盾构掘进效率的因素主要有机械参数、地质条件和施工管理,其中机械参数主要包括盾构总推力、刀盘扭矩、刀盘转速、刀盘强度、刀盘刚度以及刀盘开口等。

在盾构刀盘设计过程中,刀盘强度、刀盘刚度、刀盘开口属于可控的设计因素。刀盘强度和刚度直接影响刀盘破岩能力和刀盘整体寿命。盾构掘进时刀盘需要承受较大振动和冲击,若刀盘强度、刚度无法满足要求,将导致刀盘开裂,缩减刀盘寿命,极大影响掘进效率。刀盘开口的主要作用是方便开挖下来的渣土流向土仓,保障渣土的及时排出。若开口率过小,则渣土无法排出会造成积渣反复研磨或在盘面上形成泥饼而影响掘进效率;若开口率过大,则刀盘支撑面积减少,不利于掌子面稳定,同样会影响施工进度。刀盘开口率的设置须综合考虑地质条件、刀盘构型、刀具布置、掌子面稳定等因素。

在盾构施工过程中,盾构总推力、刀盘转速属于可控的施工因素。盾构总推力包括刀具总推力、盾构摩擦阻力及各部件之间连接阻力等。总推力越大，说明工作面岩土体的硬度和完整性越强，盾体与周围岩土体的摩擦力越大，刀具破岩和切削的阻力也就越大，故掘进效率不随之加大。刀盘转速需要根据地质条件、轴承负载等限制因素与总推力进行搭配设置。

2.1.2 刀具布置的影响

刀具布置主要分刀具种类选型和刀具安装设置两部分，其中刀具安装的主要参数为刀间距和刀高。

盾构刀具选型要以工程地质条件和水文地质条件为基础，以满足地质适应性为原则。选型时依据地质勘验报告等确定掘进地层的主体特征，明确刀盘在该地层中的主体功能，基于此进行主体刀具和辅助刀具的选择。主体刀具和辅助刀具的种类需要根据刀盘在目标地段中的主体功能进行搭配，否则盲目进行刀具选型容易造成适得其反的效果，反而降低掘进效率。

刀间距是相邻刀刃形成的开挖轨迹之间的距离，是确定滚刀布置数量的重要参数。刀间距过小时，容易达到岩石裂隙发展至相连剥离的要求，但形成的岩渣过于粉碎，破岩效率不高，刀刃磨损量大；刀间距过大时，相邻滚刀单次滚压产生裂纹无法交会贯通，刀具之间将形成岩脊，工作面变得凹凸不平，多次滚压之后将形成大量岩粉，刀盘及刀具磨损大，破岩效率低下。刀间距设计的理想状态是相邻滚刀经过单次滚压之后，侧向形成的裂纹恰好交会

第 2 章
盾构刀盘选型关键技术

贯通,此时破岩比能最小、刀盘切削效率最高。

刀高设计需要结合地质条件、刀群布置种类、刀具的极限磨损数值等方面进行综合考虑设置。在滚刀与切削刀搭配方案中,在满足滚刀贯入度的同时要避免切削刀过早地与硬岩相接触造成异常磨损。在以切削刀为主的方案中,一般来讲,先行刀和主切削刀布置在较高位置,其他类型刀具布置在次高位置。通过刀高差布置设计各类刀具接触工作面的先后顺序,充分发挥不同刀具的优势,进而提升掘进功效。

鉴于本书聚焦于岩石地层盾构施工案例技术分析,而岩石地层盾构施工掘进效能主要取决于滚刀的破岩效率,故本书将滚刀作为重点研究分析对象,而对先行刀、切削刀、刮刀等的研究分析则从略。

2.2 刀盘参数设计

2.2.1 刀盘形式选择

盾构刀盘形式主要有面板式、辐条式以及介于两者之间的辐板式 3 种,如图 2.1 所示。

面板式刀盘开口率小,一般不超过 30%。对工作面的支撑面积较大,有利于掌子面稳定;但同时由于开口率的限制,渣土流动性不好,易结泥饼。

辐条式刀盘开口率大,在 60%~95% 之间,渣土流动性好、排渣性能优良;但对于不稳定地层,易喷水、喷泥,且不利于安全换刀。

(a)面板式

(b)辐条式

(c)辐板式

图 2.1　刀盘结构形式

辐板式刀盘开口率适中，在30%～50%之间，地质适应性好。刀盘兼有面板式刀盘和辐条式刀盘的特点，由较宽的辐条和小块面板组成，可通过更换刀具转换模式。

3种形式的刀盘在工作面稳定情况、排渣顺畅程度以及换刀安全性、便利性等方面存在较大的差异，须根据实际地质条件、开挖面稳定性、障碍物处置等因素进行选择。

2.2.2　开口率计算

盾构刀盘开口率即刀盘开口区域面积与整个刀盘面积的比值，是决定刀盘结构的关键参数，如图 2.2所示。

图 2.2　盾构刀盘开口率示意图

$$K = \frac{S_{\text{开口}}}{S_{\text{刀盘}}} \quad (2.1)$$

盾构刀盘开口的主要作用是方便开挖下来的渣土流向土仓，为渣土提供移动通道，保障渣土的及时排出，防止积渣反复研磨或在盘面上形成泥饼而影响掘进效率。一方面，大的开口率有利于渣土的流动，降低刀盘结泥饼的概率，对刀盘掘进效率有积极影响；另一方面，刀盘支撑面积减少，不利于掌子面稳定，同时对后续排渣系统要求较高。因此，刀盘开口率的设置须综合考虑地质条件、刀盘构型、刀具布置、掌子面稳定等因素。

2.2.3　总推力计算

盾构总推力主要由盾体外壳与土体之间的摩擦阻力、刀盘掘进阻力、盾尾与管片摩擦力、后配套系统拉力、开挖仓推进阻力组成，其计算公式如下：

$$F = F_1 + F_2 + F_3 + F_4 + F_5 \quad (2.2)$$

式中：F——盾构总推力（kN）；

F_1——盾体外壳与土体之间的摩擦阻力（kN）；

F_2——刀盘掘进阻力(kN);

F_3——盾尾与管片摩擦力(kN);

F_4——后配套系统拉力(kN);

F_5——开挖仓推进阻力(kN)。

1. 盾体外壳与土体之间的摩擦阻力

$$F_1 = 0.25 \times \pi \times D \times L \times (2P_e + 2K_0 P_e + K_0 \times \gamma \times D) \times \mu_1 + \mu_1 \times W \tag{2.3}$$

式中：μ_1——摩擦系数;

D——盾体外径(m);

L——主机长度(m);

P_e——盾构机顶部竖直土压(kPa);

γ——土体浮重度(kN/m³);

W——盾构机主机重量(kN);

K_0——侧向土压力系数。

2. 刀盘掘进阻力

$$F_2 = \sum n_s \times F_c \tag{2.4}$$

式中：n_s——刀具数量;

F_c——刀具贯入阻力(kN)。

3. 盾尾与管片摩擦力

$$F_3 = n_1 \times W_s \times \mu_2 + \pi \times D_0 \times b \times p_2 \times n_2 \times \mu_3 \tag{2.5}$$

式中：n_1——盾尾内管片数量;

W_s——单管片重量(kN);

μ_2——管片与盾尾之间的摩擦系数;

D_0——管片外径(m);

b——单道盾尾油脂腔与管片的接触长度(m);

p_2——盾尾密封油脂压力(kPa);

n_2——盾尾油脂腔数量;

μ_3——管片与盾尾密封刷之间的摩擦系数。

4. 后配套系统拉力

$$F_4 = \mu_4 \times W_4 \tag{2.6}$$

式中:μ_4——后配套与轨道摩擦系数;

W_4——后配套重量(kN)。

5. 开挖仓推进阻力

$$F_5 = P_s \times \pi \times \frac{D^2}{4} \tag{2.7}$$

式中:P_s——开挖仓实际掘进土压(kPa)。

2.2.4 扭矩计算

刀盘扭矩由刀盘切削扭矩、刀盘正面摩擦力扭矩、刀盘背面摩擦力扭矩、刀盘圆周摩擦力力矩、仓内搅拌力矩、驱动密封决定的摩擦阻力扭矩、主轴承旋转阻力矩组成,其计算公式如下:

$$T = k \times (T_1 + T_2 + T_3 + T_4 + T_5 + T_6 + T_7) \tag{2.8}$$

式中:T——刀盘扭矩(kN·m);

k——修正系数;

T_1——刀盘切削扭矩(kN·m);

T_2——刀盘正面摩擦力扭矩(kN·m);

T_3——刀盘背面摩擦力扭矩(kN·m);

T_4——刀盘圆周摩擦力力矩(kN·m);

T_5——仓内搅拌力矩(kN·m);

T_6——驱动密封决定的摩擦阻力扭矩(kN·m);

T_7——主轴承旋转阻力矩(kN·m)。

1. 刀盘切削扭矩

$$T_1 = \frac{1}{8} \times D_d^2 \times \tau \times \frac{v}{n} \qquad (2.9)$$

式中:D_d——刀盘直径(m);

τ——土层剪切强度(kPa);

v——掘进速度(m/min);

n——刀盘转速(r/min)。

2. 刀盘正面摩擦力扭矩

$$T_2 = \frac{2}{3}\pi \times (1-\alpha) \times \mu_p \times R^3 \times P_h \qquad (2.10)$$

式中:α——刀盘开口率;

R——刀盘与土体有效接触外径(m);

P_h——掌子面水平土压力(kPa);

μ_p——土与钢之间的摩擦系数。

3. 刀盘背面摩擦力扭矩

$$T_3 = 0.5 \times T_2 \qquad (2.11)$$

4. 刀盘圆周摩擦力力矩

$$T_4 = R \times \pi \times D_d \times B \times P_z \times \mu_p \qquad (2.12)$$

式中:B——刀盘边缘宽度(m);

P_z——刀盘圆周土压(kPa)。

5. 仓内搅拌力矩

$$T_5 = \sum R_x P_h l_x h_x + \sum R_x \mu_p P_h l_x b_x + \sum R_c \mu_p P_h l_c b_c + \sum R_c P_h l_c b_c \quad (2.13)$$

式中：R_x——搅拌棒安装半径(m)；

l_x——搅拌棒的长度(m)；

h_x——搅拌棒厚度(m)；

b_x——搅拌棒的宽度(m)；

l_c——刀盘扭腿长度(m)；

b_c——刀盘扭腿宽度(m)；

R_c——刀盘扭腿的安装半径(m)；

h_c——刀盘扭腿厚度(m)。

6. 驱动密封决定的摩擦阻力扭矩

$$T_6 = \sum 2\pi \times \mu_m \times F_m \times n \times R_i^2 \quad (2.14)$$

式中：μ_m——密封与钢之间的摩擦系数；

F_m——密封的推力(kPa)；

n——密封的数量；

R_i——密封 i 的安装半径(m)。

7. 主轴承旋转阻力矩

$$T_7 = \mu_g \times R_1 \times (G + P_t) \quad (2.15)$$

式中：μ_g——主轴承滚动摩擦系数；

R_1——主轴承滚动半径(m)；

G——刀盘自重(kN)；

P_t——刀盘贯入载荷(kN)。

2.2.5 贯入度选择

在刀间距保持不变的情况下，存在一个特定的临界贯入度，可使得相邻滚刀贯入挤压和滚压破碎形成的破岩裂纹刚好相交会。该临界值即为滚刀最佳的贯入度，在此工作条件下，滚刀破岩比能耗最小、效率最高。若贯入度继续加大，滚刀所受三向力也将随之增加，需要提高滚刀承载能力和盾构推力输出能力。良好的刀盘掘进效率与地质条件、刀盘扭矩、刀盘推力等多种因素相关，滚刀贯入度的选择需要与之相匹配。

一般情况下，滚刀推力随着贯入度的增加而增加，相同贯入度下，岩石强度越高所对应的滚刀推力也越大，并且随着贯入度的增加，岩石强度对滚刀推力的增加趋势越大。选择贯入度应综合考虑岩石强度和刀具额定载荷。在岩石强度高的情况下，若要选择较大的贯入度，就必须选择额定载荷更大的刀具，否则容易造成刀具损坏或磨损严重。

2.3 岩刀具布置

2.3.1 滚刀破岩机理

滚刀通过随刀盘转动，同时绕刀轴自转对岩石进行滚压破碎。滚刀在刀盘的推力、扭矩作用下贯入岩石，形成压碎区和放射状裂纹，相邻滚刀间岩石内裂纹延伸并相互贯通，最终形成岩石碎片而崩落，如图2.3所示。

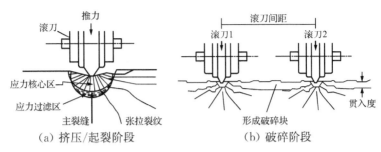

图 2.3　滚刀破岩过程

滚刀受力计算主要依托科罗拉多矿业学院(Colorado School of Mines，CSM)力学模型。CSM 力学模型对每把滚刀所受载荷进行计算，从而得到总推力、扭矩等性能参数。其模型参数来源于线性切割试验机的室内岩石切削试验数据，还包括岩石单轴抗压强度、抗拉强度以及刀具布置、刀尖距、刀具结构等。CSM 力学模型考虑的因素比较全面，预测精度较高，可应用于刀盘轮廓、刀具布置等设计优化以及刀盘力平衡验证，模型公式如下：

$$F_t = \frac{P_0 \phi R T}{1+\alpha} \quad (2.16)$$

$$\begin{cases} F_n = F_t \cos_t\left(\dfrac{\phi}{2}\right) \\ F_r = F_t \sin_t\left(\dfrac{\phi}{2}\right) \end{cases} \quad (2.17)$$

式中：F_t——滚刀受到的载荷(kN)；

F_n——滚刀受到的滚动力(切向)(kN)；

F_r——滚刀受到的垂直(法向)推力(kN)；

ϕ——滚刀与岩石接触角度 (rad)，$\phi = \arccos[(R-P)/R]$，其中 P 为贯入度(m)，R 为滚刀半径(m)；

T——滚刀刀尖宽度(m);

α——刀刃压力分布系数,随刀尖宽度增加而减小;

P_0——岩石破碎区压力(kPa),与岩石强度、滚刀尺寸、刀刃形状有关,可按式(2.18)计算:

$$P_0 = C\sqrt[3]{\frac{S}{\phi\sqrt{RT}}\sigma_c^2\sigma_t} \qquad (2.18)$$

式中:σ_c——岩石单轴抗压强度(kPa);

σ_t——岩石抗拉强度(kPa);

S——刀间距(m);

C——无量纲系数,约 2.12。

2.3.2 刀具布置原则

滚刀布置不仅要满足刀盘构型约束,还须保证力学平衡和切削要求约束。刀盘上滚刀布置基本原则如下:

(1)刀盘受力平衡原则:最小化径向载荷和倾覆力矩,使得刀盘整体受力平衡。

(2)最小化破岩量差异原则:每把滚刀破岩量或者磨损量相同,也称等磨损量或等寿命原则。

(3)分区域布置原则:综合考虑刀盘上中心、正面和边缘等不同区域的滚刀特点。

(4)顺次破岩原则:相邻滚刀之间设置相位差,前一把滚刀为后一把滚刀提供破岩临空面。

(5)安装不干涉原则:滚刀及刀座位置不能与刀盘其他结构相干涉,同时需要考虑为辅助装置预留安装空间。

(6) 质心分布原则：尽量使分散滚刀的整体重心与刀盘中心重合。

2.3.3 刀间距布置

刀间距的布置要综合充分考虑岩体力学性质、刀盘开挖直径、滚刀尺寸以及盾构设计等因素。刀间距过小时，滚刀之间形成的岩渣过于粉碎，破岩效率不高，刀刃磨损量增加；刀间距过大时，相邻滚刀单次滚压产生裂纹无法交会贯通，刀具之间将形成岩脊，工作面变得凹凸不平，多次滚压之后将形成大量岩粉，破岩效率低下，刀盘及刀具磨损大。刀间距设计的理想状态是相邻滚刀经过单次滚压之后，侧向形成的裂纹恰好交会贯通，岩石以片状岩渣的形式剥落，滚刀破岩所消耗的能耗最小。相邻滚刀裂纹刚好交会贯通的情况如图 2.4 所示，据此可推算出最优刀间距计算公式，见式 2.19。

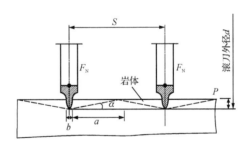

图 2.4 最小刀间距示意图

$$S = 2a + b = \frac{2P}{\tan\alpha} + T + 2P\tan\theta \qquad (2.19)$$

式中：S——最优刀间距(m)；

P——贯入度(m)；

a——滚刀间岩面宽度的一半(m)；

b——滚刀贯入岩体的宽度(m);

T——滚刀刀尖宽度(m);

α——交会裂纹角度(°);

θ——滚刀刀尖刃角的一半(°)。

刀间距是反映刀盘上滚刀布置规律的关键参数之一。盾构刀盘设计过程中,常规滚刀刀间距布置主要考虑以下几个因素:

(1) 满足破岩能力需求:保证刀盘滚刀破岩的全断面覆盖,相邻滚刀之间不存在未连通岩脊。

(2) 满足最优切削效率:破岩时最小破碎比能(单位体积岩石消耗的能量)尽可能低。

(3) 满足排渣顺畅要求:相邻刀号的滚刀间避免形成窄小封闭区,满足导渣、排渣要求。

(4) 满足刀盘受力平衡要求:最小化径向载荷、最小化倾覆力矩、最小化偏心力等。

(5) 满足刀盘结构设计要求:避免刀具结构干涉,预留注入口、磨损检测等辅助装置的布置空间。

根据上述刀间距设计影响因素,结合工程地质条件及开挖直径要求,通过理论计算,并结合滚刀破岩试验,最终确定滚刀刀间距。

2.3.4 刀高差布置

各类刀具接触工作面的先后顺序可以通过刀高差布置来进行编排,由此可以充分发挥不同刀具的优势,进而提升掘进功效。根据工程地质条件、刀具种类、刀具尺寸等因素,结合理论计算分析,才能最终实现刀高差的合理配置。

在滚刀+切刀的组合中,刀高差太大,切刀难以发挥作用;刀高差太小,切刀过早参与接触硬岩,既容易造成切刀过度磨损甚至崩裂,又容易制约滚刀破岩效率,在刀高差设计方面须综合考虑岩脊高度和刀具尺寸,岩脊高度计算公式如下:

$$h = \cot\left(\frac{\beta}{2}\right) \times \left(\frac{L-B}{2}\right) \tag{2.20}$$

式中:h——岩脊高度(m);

β——岩石破碎角(°);

L——滚刀刀间距(m);

B——滚刀刀圈宽度(m)。

为使切刀不接触到岩面,理论上滚刀与切刀的高差 H 须大于岩脊高度 h 与贯入度 P 之和,且随着滚刀磨损,刀高差减小,还须考虑滚刀极限磨损 R 后依然满足贯入度要求,即:

$$h + P \leqslant H - R \tag{2.21}$$

式中:P——贯入度(m);

H——滚刀与切刀的高差(m);

R——滚刀极限磨损(m)。

盾构刀盘常压可更换滚刀主要采用的尺寸是 19 寸(1 寸约 33.33 mm),其极限磨损值为 25~30 mm,建议在硬岩地层刀高差设计上应不小于 40 mm,且随着刀具磨损,应降低滚刀贯入度,避免切刀接触岩面,造成过度磨损、过载断裂或影响破岩效率。

2.3.5 刀座安装方式

刀座是连接刀具和刀盘的桥梁，刀具所受载荷都是通过刀座传递到刀盘上，刀座结构设计的合理性和可靠性关乎刀盘刀具的开挖效率和使用寿命。

在复合地层和硬岩地层中刀盘刀具将受到较大冲击载荷，针对此种情况，须优化刀座安装方式，设计可靠性刀具锁紧结构，提高刀具抗冲击性能，降低刀具脱落风险。

1. 中心滚刀安装

中心双联体滚刀位于刀盘中心，整体受力复杂，尤其是侧向力偏大。掘进时如果安装不稳固，容易出现滚刀轴向窜动现象，造成刀具非正常磨损和刀座损伤。为保证中心双联体滚刀安装稳固，可通过锁紧楔块、锁紧挡块、锁紧压块以及锁紧顶块等零件配合限制滚刀移动，如图 2.5 所示。

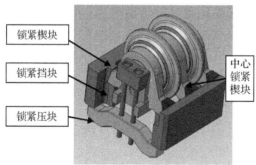

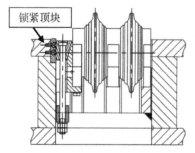

图 2.5 中心滚刀刀座装配图

此种安装方式主要有以下优点：① 锁紧安装附件均采用性能优良的高强度合金钢，抗冲击性能好，疲劳寿命长；② 锁紧安装附件尺寸设计较大，与滚刀刀体与刀盘体接触面积大，有效防止接触面压溃，安全裕度高；③ 锁紧顶块为可拆卸式连接，方便拆装更换，避免锁紧安装附件与刀盘体的直接接触；④ 锁紧挡块斜面结构合理设计，零件自身安装时可为滚刀提供楔紧力。

2. 正面滚刀安装

正面滚刀在刀盘滚刀类型中占比较大，所受到冲击载荷高，刀座需要进行高承载、抗冲击设计，并且兼顾刀具频繁更换需求。正面滚刀的安装采用 C 形块、楔块、压块相互锁紧的形式，如图 2.6 所示。

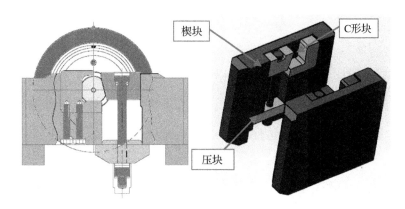

图 2.6　正面滚刀刀座装配图

此种安装方式具有优势如下：① 锁紧安装附件采用性能优良的高强度合金钢，抗冲击性能强，疲劳寿命长；② 刀座板采用高强度低合金结构钢，具有优良的焊接性能，能够有效保障刀座和刀盘本体之间的焊接强度；③ 锁紧安装附件皆为可拆卸式连接，结构简单有效，便于拆装更换。

2.3.6 刀具组合类型

盾构隧道施工过程中面临着黏土类、砂土类和岩石类等多种复杂地质条件，对待刀盘刀具类型的选择及组合提出了很高的要求。盾构刀盘常使用的刀具主要是滚刀和切削刀，其中切削刀包括切刀、先行刀、边刮刀、仿形刀和鱼尾刀等。滚刀通过贯入挤压和滚压破碎对硬岩进行破碎；切刀适用于软土和泥岩体层，对工作面进行切削；先行刀不直接起到切削作用，而是对工作面进行扰动和疏松，为切刀切削创造条件；边刮刀可以辅助切刀进行切削，在岩石地层中用于刮渣、集渣；仿形刀一般布置在刀盘辐条内，通过液压控制，在隧道转弯时进行超挖；鱼尾刀安装在刀盘中心，适用于黏土地层，用来改善刀盘中心的土体流动性，防止结泥饼。

盾构刀具选型要以工程地质条件和水文地质条件为基础，以满足地质适应性为原则，兼顾经济、技术、安全等方面的需求。刀具种类选型主要分为以下步骤：首先，依据地质勘验等报告确定掘进地层的主体特征，明确刀盘在该地层中的主体功能，如硬岩破碎、软土切削等；其次，根据刀盘主体功能确定主体刀具；再次，以主体功能为基础，确定辅助刀具所需承担的功能，进而完成辅助刀具选配；然后，兼顾考虑经济、技术等方面的需求，对初步方案进行调整；最后，通过主体刀具和辅助刀具的组合形成综合性的适配方案。

2.4 盾构刀具磨损机理

2.4.1 磨损分类

影响刀具磨损的因素主要有地质条件、掘进参数、刀具构型、刀具材料及加工质量等。刀具磨损后若不及时换刀，将严重影响刀盘掘进效率，甚至危害刀盘结构安全。刀具磨损类型可以分为滚刀磨损和切削刀磨损，其中滚刀磨损主要指刀圈和轴承在长时间运行过程中出现的磨损。鉴于岩石地层对滚刀磨损的影响较大，故本节主要针对滚刀的磨损机理进行分析。

滚刀磨损主要分为磨损失效、刀圈磨尖等情况。磨损失效的情况主要有均匀磨损和非均匀磨损两种，如图 2.7 所示。均匀磨损是滚刀在正常使用情况下，与掌子面均一

(a) 均匀磨损　　　　　　(b) 非均匀磨损

(c) 刀圈磨尖

图 2.7　滚刀磨损情况

地质相接触持续破岩产生的磨损,各部位磨耗程度基本一致是滚刀的主要磨损失效形式;非均匀磨损即偏磨,是滚刀在掘进过程中,地层因较松散而无法提供足够的启动转矩,或者软黏土层中泥土对滚刀进行包裹,导致滚刀无法正常自转而造成的磨损。刀圈磨尖即滚刀刀圈外周磨损为锥形,主要出现高硬度磨粒多或存在腐蚀性物质的地层施工过程中。刀圈磨尖后挤压破碎岩石的区域变小,形成的裂纹难以交会贯通,容易导致岩脊的形成。

2.4.2 磨损机理

刀具的磨损形式一般包括腐蚀磨损、疲劳磨损、黏着磨损和磨料磨损4种。刀盘刀具在破岩过程中主要的磨损形式是磨料磨损。岩石地层滚刀是刀盘实现破岩功能的直接工具,刀盘推进时滚刀刀圈对岩石进行挤压贯入和滚压破碎。滚刀刀圈的材料比一般岩石硬度高,但岩体地层中存在石英等高硬度的矿物质颗粒,这种硬质矿物颗粒在刀圈和岩石之间进行滑动形成切削作用,致使刀圈上出现塑形变形区域,产生犁沟效应,导致磨料磨损现象的形成。

2.4.3 磨损量计算

盾构刀盘外圈滚刀刀具磨损量计算方法如下:

$$\delta = K \times \pi \times D \times N \times \frac{L}{V} \quad (2.22)$$

式中:δ——刀具磨损量(mm);

K——磨损系数(mm/km);

D——刀盘外径(m);

N——刀盘转速(r/min);

L——掘进里程(km);

V——掘进速度(m/min)。

从式(2.22)可以看出,滚刀磨损与刀盘转速、刀盘外径和掘进里程有关,分布在刀盘靠外周区域的滚刀磨损较大。

根据相关地质条件下的掘进情况与刀具磨损关系,得出 K 的经验范围如表2.1所示。

表 2.1 刀具磨损系数 K 值

机型	软土地层				硬岩地层
	黏土	砂	砂砾石	砂卵石	
土压平衡盾构	$4\times10^{-3}\sim$ 15×10^{-3}	$15\times10^{-3}\sim$ 25×10^{-3}	$25\times10^{-3}\sim$ 45×10^{-3}	$70\times10^{-3}\sim$ 90×10^{-3}	—
泥水平衡盾构	$2.5\times10^{-3}\sim$ 5×10^{-3}	$5\times10^{-3}\sim$ 12×10^{-3}	$12\times10^{-3}\sim$ 23×10^{-3}	$35\times10^{-3}\sim$ 45×10^{-3}	—
隧道掘进机(TBM)	—				$4\times10^{-3}\sim$ 15×10^{-3}

K 值仅作为参考,刀具具体磨损情况须结合不同地质情况和刀具合金选型来分析。

2.4.4 减磨措施

1. 刀具选型和优化布置

针对刀具磨损较严重的地层,应该合理选型和布置刀具。对于硬岩地层,应该以滚刀为主破岩刀,切刀与滚刀的刀高差控制在 40 mm 以上,刀盘边缘可适量布置少量贝壳刀;对于砂卵石地层,可选择撕裂刀对岩土进行分离，适当增加刀高，提高刀盘掘进效率。

另外，还可以增加刀具布置数量，减小刀间距。相同地质条件下，刀间距越小，组合滚刀破岩所需的贯入度也越小，由刀具推力与贯入度的关系可知，单把刀具承受的载荷也越小，故可降低单把刀具的磨损量。

2. 材料改性和结构参数优化

滚刀主要由刀圈、刀体和轴承等部分组成，其中刀圈是直接与岩石接触，进行破岩作业的关键零部件，其性能表现影响掘进效率和施工成本。因此，目前滚刀减磨措施的研究主要聚焦在刀圈上，包括材料改性和结构优化等方面。

材料改性是通过热处理、涂层等方法对刀圈的基体材料进行优化，改善其金相组织成分，提高刀圈的强度、硬度、韧性和耐磨性等综合性能。如德国维尔特（Wirth）公司的滚刀以热作模具钢作为基体材料，通过特定工艺的热处理得到回火托氏体，有效提高了刀圈的硬度和耐磨性。

结构优化主要包括刀圈结构参数改进和镶嵌合金齿。刀圈结构参数主要是指刀圈截面的形状参数。刀圈截面主要有尖楔形、楔形和近似常截面等，其中近似常截面因具有截面尺寸基本不变、掘进稳定的优点而被广泛应用。相关学者对刀圈刀刃角、圆弧半径和刀尖宽度等截面几何参数进行了优化设计，在一定程度上提高了刀具破岩效率，增加了滚刀耐磨性能。

在刀圈上镶嵌合金齿，用性能优异的合金颗粒代替刀圈基体与岩石相接触，可有效增加滚刀耐磨性；镶嵌颗粒后刀圈上变得凹凸不平,平面粗糙度增加,可提高土体对滚刀施加的转矩,保障滚刀启动转矩,减少偏磨概率。常规滚刀与镶齿滚刀对比如图 2.8 所示。

(a) 常规滚刀　　　　　　(b) 镶齿滚刀

图 2.8　常规滚刀与镶齿滚刀对比

第 3 章
闪长岩地层盾构施工案例技术分析

第 3 章
闪长岩地层盾构施工案例技术分析

盾构穿越闪长岩地层，容易出现掘进困难、刀具损坏、螺机喷涌等情况。盾构刀盘刀具选型不合理、闪长岩地层施工经验少是主要原因。本章以 J 市地铁区间闪长岩地层盾构施工为背景，采用统计分析、试验研究、理论计算、数值模拟等方法，探究闪长岩物理力学特性，分析盾构选型关键影响因素、施工重难点以及应对措施、方法等，旨在为闪长岩地层盾构施工提供相关参考或借鉴。

3.1 闪长岩地层特性

闪长岩为中粒至粗粒全晶质中性深成侵入岩，呈灰黑色、灰绿色或浅绿色，主要由白色斜长石（中-更长石）和一种或几种暗色矿物组成，其中暗色矿物的总量一般在 20%～35%。闪长岩不含或仅含少量的钾长石，钾长石含量一般不超过长石总量的 10%；不含或含极少量石英，石英含量不超过浅色矿物总量的 5%。暗色矿物以角闪石为主，有时有辉石和黑云母，副矿物主要有磷灰石、磁铁矿、钛铁矿和榍石等。闪长岩的抗压强度在 52～200 MPa，抗弯强度在 10～25 MPa，体积密度在 2.85～3.00 g/cm^3，吸水率约 0.4%。

3.1.1 工程地质与水文地质

1. 工程地质

J 市地铁 E—W 区间上覆土层以杂填土、素填土、粉质黏土等为主，下伏基岩以全风化、强风化及中风化闪长岩为主，地铁区间隧道埋深 12.3～23.8 m，采用盾构法施工，典型地质剖面如图 3.1 所示。盾构穿越地层主要为全风化、强风化及中风化闪长岩层，穿越地层分布与特征描述如表 3.1 所示。

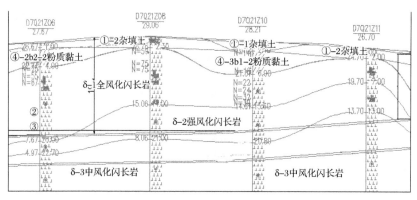

图 3.1　区间隧道典型地质剖面

表 3.1　工程地质层分布与特征描述一览表

时代成因	层号	地层名称	颜色	状态	特征描述	分布	埋深/m	厚度/m
燕山侵入岩 δ	δ-1	全风化闪长岩	黄褐色、灰褐色	密实	原岩结构已完全破坏，岩芯呈砂土状，局部夹少量未风化完的残骸，手捏易碎，遇水软化	连续分布	7.0～24.1	5.0～15.2
	δ-2	强风化闪长岩	灰褐色	—	原岩结构已基本破坏，岩芯呈砂土状、碎块状，岩块锤击易碎，遇水易软化	连续分布	13.0～24.8	0.4～7.2

续表 3.1

时代成因	层号	地层名称	颜色	状态	特征描述	分布	埋深/m	厚度/m
燕山侵入岩 δ	δ-3	中风化闪长岩	青灰色、黑灰色	—	细粒结构，节理裂隙发育，上部岩芯呈碎块状，下部呈短柱状，一般节长 10～30 cm，最大节长 40 cm，锤击声脆不易碎。岩芯采取率约 90%，岩石质量指标（Rock Quality Designation, RQD) 为 30%～90% 不等	未穿透	—	—

2. 水文地质

(1) 地下水类型

依据该区间隧道地下水的埋藏条件和赋存条件，地下水类型可分为孔隙潜水和基岩裂隙水。

孔隙潜水主要赋存于杂填土、素填土中，其水量受降水影响明显，一般水量不大，但在夏季丰水期时，水量较大。基岩裂隙水主要储存在基岩风化带、断层破碎带和节理裂隙中，表现为强风化岩中的孔隙性基岩水及中风化岩中的基岩裂隙水。两者相互连通，水量受风化、裂隙发育程度及连通性影响较大，总体上水量较贫乏。

(2) 地下水补给、径流、排泄条件

孔隙潜水主要接受大气降水、地表水渗漏补给，以蒸发及向周边侧向径流排泄为主；基岩裂隙水主要接受土层地下水或周围裂隙水补给，埋藏较深，径流一般较滞缓，含水性及透水性较差，局部具微承压性。

（3）地层渗透性

根据室内试验和地区经验资料，全风化、强风化及中风化闪长岩层渗透系数和透水性如表3.2所示。

表3.2 闪长岩层渗透系数和透水性评价表

层号	岩土名称	渗透系数建议值/ $(cm \cdot s^{-1})$	透水性评价
δ-1	全风化闪长岩	2.0×10^{-3}	弱透水
δ-2	强风化闪长岩	3.0×10^{-4}	弱透水
δ-3	中风化闪长岩	5.0×10^{-5}	在裂隙面有少量渗水

（4）地下水水位

区间隧道附近孔隙潜水稳定水位埋深1.3~4.5 m，受地形影响变化较大，但其趋势与地形起伏一致。水位年变化幅度约1.0~2.0 m。地下水水位受季节性降雨影响较大，雨季时地下水水位较高，常年最高水位按地表下埋深0.5 m考虑。

基岩裂隙水主要赋存于强风化和中风化闪长岩裂隙中。根据水文试验，基岩裂隙水稳定水位埋深2.78~3.70 m。受构造及不同程度的风化作用影响，裂隙张开、密集、连通和充填情况，岩体完整性、富水性以及透水性呈不均匀性、各向异性，局部水量可能较大。

3.1.2 闪长岩物理力学特性

1. 全风化闪长岩

根据现场钻芯取样，全风化闪长岩原岩结构已破坏。岩芯呈砂土状，手捏易碎，其芯样如图3.2所示。

图 3.2 全风化闪长岩芯样

取全风化闪长岩岩芯进行室内试验，测定其压缩系数、饱和度、液性指数、天然孔隙比、颗粒级配、抗剪强度及渗透系数等物理力学指标，结果如表 3.3～表 3.6 所示。根据芯样外观及室内试验结果易知：全风化闪长岩属中等压缩性饱和岩土，其性状可塑，孔隙率大，级配不良，

表 3.3　全风化闪长岩物理力学指标

地层	指标	最大值	最小值	标准值
全风化闪长岩	压缩系数/MPa^{-1}	0.66	0.25	0.48
	饱和度/%	94.3	79.2	88.0
	液性指数	0.75	0.02	0.57
	天然孔隙比	1.283	0.754	1.036

注：本表测定压缩系数、饱和度、液性指数、天然孔隙比的芯样数分别为 20、23、19、23 个。

表 3.4　全风化闪长岩颗粒级配

地层	值别	颗粒组成百分数/%				不均匀系数
		~>0.5 mm	~>0.25 mm	~>0.075 mm	~>0.005 mm	
全风化闪长岩	最大值	33.60	41.50	78.30	10.50	4.71
	最小值	0.00	11.20	18.60	5.10	0.00
	平均值	17.70	30.50	44.50	7.30	2.88

注：本表测定颗粒级配和不均匀系数的芯样数为 3 个。

表 3.5　全风化闪长岩直接剪切试验

地层	值别	直接快剪	
		内摩擦角/°	黏聚力/kPa
全风化闪长岩	最大值	17.0	33.4
	最小值	7.5	10.8
	平均值	9.6	11.0

注：本表测定直接剪切的芯样数为6个。

表 3.6　全风化闪长岩渗透系数

地层	指标	范围
全风化闪长岩	渗透系数/(cm·s^{-1})	$2.3\times10^{-3}\sim3.5\times10^{-3}$

强度低，中等透水，且遇水易发生软化现象。可见，盾构在全风化闪长岩层中掘进，一般不会发生掘进十分困难、刀具损坏严重等情况，但较易发生开挖面失稳、螺旋机喷涌等情况。

2. 强风化闪长岩

根据现场钻芯取样，强风化闪长岩原岩结构较清晰，节理裂隙发育。岩芯呈砂砾状、短柱状，偶有长柱状，锤击易碎，风化程度很不均匀，局部夹有中风化硬夹层及全风化软夹层，其芯样如图 3.3 所示。

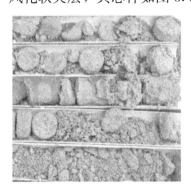

图 3.3　强风化闪长岩芯样

取强风化闪长岩岩芯进行室内试验,测定其天然单轴抗压强度及软化系数,结果如表3.7所示。根据试验结果可以看出:强风化闪长岩强度相对较低,属软化岩石。针对强风化闪长岩地层进行现场抽水试验,测定其渗透系数,结果如表3.8所示。根据芯样外观及试验结果可以看出:强风化闪长岩风化不均,裂隙发育,破碎带较多,属中等透水岩层。可见,强风化闪长岩层虽不是制约盾构施工的关键性岩层,但却是区间隧道的储水、运水和来水通道。

表3.7 强风化闪长岩力学指标

地层	值别	天然单轴抗压强度/MPa	软化系数
强风化闪长岩	最大值	21.00	0.63
	最小值	2.40	0.24
	平均值	11.78	0.49

注:本表测定天然单轴抗压强度和软化系数的芯样数分别为53、52个。

表3.8 强风化闪长岩渗透系数

地层	试验深度/m	地下水位降深/m	渗透系数/$(m \cdot d^{-1})$	平均值/$(cm \cdot s^{-1})$
强风化闪长岩	9.5~20.0	$S_1=5.13$	12.10	1.36×10^{-2}
		$S_2=3.51$	12.60	
		$S_3=1.30$	10.60	
	23.0~34.5	$S_1=16.4$	3.33	3.70×10^{-3}
		$S_2=11.5$	3.44	
		$S_3=6.04$	2.84	

3. 中风化闪长岩

根据现场钻芯取样,中风化闪长岩岩芯多呈柱状,局部夹有全风化、强风化软夹层，其芯样如图 3.4 所示。

图 3.4　中风化闪长岩芯样

取中风化闪长岩岩芯进行室内试验，测定其天然单轴抗压强度，结果是：天然单轴抗压强度最小值约 74.8 MPa，最大值达 193.5 MPa。由此可见，中风化闪长岩层才是制约盾构施工成败的关键性岩层。为进一步探究中风化闪长岩的工程特殊性，取同一区段、同一取芯位置、同一取样深度范围的岩芯按同一标准加工成标准试件，采用标定合格的全自动岩石单轴抗压强度试验机进行天然单轴抗压强度试验，结果如图 3.5 所示。根据试验结果可以看出：中风化闪长岩的风化程度极不均匀，即使在 1.5 m 内，其强度差别也很大。

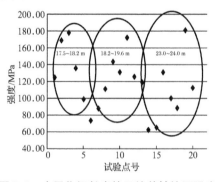

图 3.5　中风化闪长岩的天然单轴抗压强度

为进一步验证中风化闪长岩的风化程度极不均匀性,取同一区段、同一取芯位置、同一取样深度范围的岩芯进行电镜扫描试验,放大 1 000 倍后的扫描结果如图 3.6 所示。根据扫描结果可以看出:中风化闪长岩的风化程度确实是极不均匀的,即使在 2 m 内,其岩面微观裂隙差别也很大,这也是强度差别很大的内在原因之一。

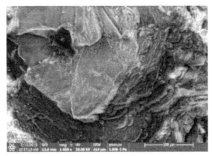

(a) 31.5 m 处试验结果

(b) 32.8 m 处试验结果

(c) 33.4 m 处试验结果

图 3.6 中风化闪长岩的电镜扫描试验

为进一步探究中风化闪长岩强度差别很大的其他内在原因,取天然单轴抗压强度最大值分别为 52.4 MPa 和 112.3 MPa 的两个区段岩样进行闪长岩矿物成分分析,结果如表 3.9 所示。根据分析结果可以看出:矿物种类和含量的不同,尤其是斜长石和方解石含量的不同,是导致中风化闪长岩强度差别很大的内在原因之一。

表 3.9 中风化闪长岩的矿物成分分析

试验组	矿物含量/%						
	石英	钾长石	斜长石	方解石	白云石	角闪石	黏土矿物
1	5.2	9.0	61.1	3.0	6.0	8.2	7.5
2	7.8	6.3	24.3	39.6	—	12.6	9.5

注:斜长石硬度为 6.0~6.5,方解石硬度为 3.0。

为进一步探究中风化闪长岩的岩石破坏特性,在进行天然单轴抗压强度试验时,记录部分岩石破坏时的竖向位移值,记录的结果如表 3.10 所示。根据记录结果可以看出:中风化闪长岩的岩石破坏特性呈现脆塑性、塑性。

表 3.10 中风化闪长岩的岩石破坏特性

试验组	天然单轴抗压强度/MPa	位移/mm	破坏性质
1	89.81	5.21	塑性
2	100.47	4.60	脆塑性
3	130.98	4.19	脆塑性
4	143.60	5.11	塑性
5	169.77	4.98	脆塑性
6	174.66	5.20	塑性
7	177.73	6.64	塑性

4. 闪长岩特性总结

根据以上分析总结 J 市区间隧道闪长岩工程特性

如下：

(1) 全风化、强风化闪长岩岩芯呈砂土状、砂砾状或短柱状，级配不良，孔隙率较大，中等透水，饱和，可塑；中等压缩，抗剪强度、天然单轴抗压强度均较低，有遇水软化现象，受施工扰动后，强度会明显降低，是盾构开挖面失稳、螺旋机喷涌的主要诱发地层。

(2) 中风化闪长岩岩芯呈柱状，不同区段矿物含量不同，微观裂隙差别很大，风化程度极不均匀，天然单轴抗压强度差别较大，最大达 193.5 MPa，破坏特征呈脆塑性、塑性，是制约盾构施工首要考虑的关键性岩层。

(3) 闪长岩球状风化特征明显，全风化和强风化岩中夹有中风化闪长岩（俗称孤石），中风化岩中又夹有全风化和强风化软夹层，岩体破碎带较多，多呈砂砾状、碎块状，分布毫无规律，为基岩裂隙水存储和渗流提供了有利条件，盾构施工时要考虑其造成的不利影响。

3.1.3 闪长岩地层对盾构施工的影响

1. 闪长岩的影响

根据区间隧道顶底板标高，结合地层分布情况，易知盾构掘进范围岩土层为 δ-1 全风化闪长岩、δ-2 强风化闪长岩、δ-3 中风化闪长岩，为软硬岩复合地层，软硬相间频繁变化，岩层硬度差异较大，岩层之间强度及完整性亦不均匀，这导致盾构刀具磨损严重，故须合理配置刀具形式，并加强刀具的耐磨性、抗冲击性等；盾构穿越中风化闪长岩时，由于岩石强度高，盾构掘进速度慢，长时间原位转动刀盘对较软的全风化、强风化闪长岩，尤其是全风化闪长岩扰动大而使其失稳，且刀盘顶部地层容易被掏空，上部地层将形成以刀盘为中心的漏斗状塌空区，可能会导致地面出现坍塌，故刀盘上须合理设置泡沫或膨润土喷口，刀盘开口率设计也不能太大；另外，由于中风化闪长岩岩石较坚硬，强度高，盾构掘进容易出现速度慢、刀具磨耗严重问题，尤其在风化岩段，节理裂隙发育，盾构刀盘转动易受力不均，易引起刀盘面板及大臂等的疲劳破坏，故需要考虑加强刀盘的强度、刚度以及刀具的破岩效率、耐磨性等。

在闪长岩分布区全风化、强风化岩中可能分布有球状中风化闪长岩（俗称孤石）。盾构掘进时如果遇到球状中风化闪长岩，掘进将非常困难并容易频繁卡刀盘，盾构机姿态难以控制，刀盘刀具易磨损严重，刀盘刀座易变形，土仓压力较难控制，闪长岩地层盾构刀盘选型需要考虑此影响。一般来说，盾构在闪长岩区段掘进时，应调整掘进速度，根据现场施工情况，可进行球状风化专项勘察、地质超前探等，查明隧道前方掘进地层中是否存在球状风化孤石，进行及时的预处理。

2. 地下水的影响

区间隧道附近与工程直接相关的地下水是基岩裂隙水。基岩裂隙水一般不具备承压性，水量主要接受大气降水及上覆土层孔隙潜水补给。基岩局部呈破碎-极破碎状，具有一定的富水空间，裂隙接触带可能成为导水通道，接受地表水和侧向基岩水的补给，因此地下水补给来源充分，基岩裂隙水较为发育。全风化、强风化闪长岩风化成砂土状、碎块状，透水性好，自稳性差，遇水易软化崩解，盾构施工过程中可能出现喷涌、压力难以控制等问题，故在刀盘选型时要考虑刀盘对掌子面的支撑、少扰动及防突涌、突水等问题。

3.1.4 围岩分级建议

根据岩体基本质量分级方法，结合《城市轨道交通岩土工程勘察规范》（GB 50307—2012），划分闪长岩基本质量等级及隧道围岩等级，如表 3.11 所示。

表 3.11 闪长岩基本质量等级及隧道围岩等级一览表

层号	岩土名称	岩土特征	岩体坚硬程度/MPa	岩体完整程度	开挖后的稳定状态	岩体基本质量等级	围岩级别
δ-1	全风化闪长岩	闪长岩全风化形成	—	—	拱部无支护时，可产生较大坍塌，侧壁有时失去稳定	V	V～VI
δ-2	强风化闪长岩	砂砾状至短柱状，岩体较破碎	2.4～21.0	0.52	拱部无支护时，可能产生局部坍塌，侧壁基本稳定	IV～V	IV
δ-3	中风化闪长岩	短柱状，岩体较完整	>74.8	0.62	暴露时间长，可能出现局部小坍塌，侧壁稳定	II	III

3.2 闪长岩地层盾构刀盘选型

3.2.1 刀盘设计参数

J 市地铁 E—B 区间隧道选用开拓号盾构机(化名),B—W 区间隧道选用进取号盾构机(化名)。开拓号、进取号盾构机的刀盘形式及主要参数如表 3.12 所示。

表 3.12 盾构刀盘形式及主要参数表

项目	主要参数	
盾构型号	开拓号	进取号
开挖直径/mm	6 470	6 440
刀盘形式	复合式刀盘,6 辐条+6 面板	复合式刀盘,4 辐条+4 面板
驱动形式	变频电机	液压驱动
刀具类型	滚刀(18 寸)+刮刀	滚刀(17 寸)+刮刀
开口率/%	35	37
中心开口率/%	38	40
转速范围/(r·min^{-1})	0~1.78/3.5	0~4.5
最大扭矩/(kN·m)	6 449	5 538
脱困扭矩/(kN·m)	7 739	6 621
最大推力/kN	42 575	42 575
最大推进速度/(mm·min^{-1})	80	80

注:18 寸为 600 mm,17 寸约为 567 mm。

开拓号、进取号盾构机分别选用 6 辐条+6 面板+格栅、4 辐条+4 面板+格栅复合刀盘形式应对闪长岩地层,可在筛选粒径的同时,提高掘进效率,降低滞磨率;刀盘正面分包均匀设置了 6 个、8 个渣土改良注入口，刀盘背面在不同轨迹分别配置了 4 根、2 根主动搅拌棒，用以搅拌土仓内渣土，增加渣土的流动性；开拓号盾构机刀盘中心还设置了 1 个高压冲洗孔，可有效防止结泥饼。开拓号、进取号盾构机的刀盘整体设计形式如图 3.7 所示。

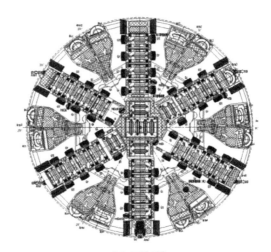

(a) 开拓号

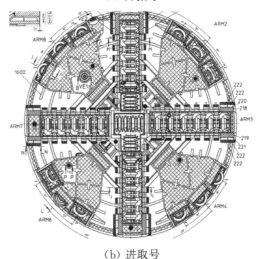

(b) 进取号

图 3.7 盾构刀盘整体设计形式

开拓号盾构机刀盘为新制刀盘,在扭腿分布半径方向布置了厚传力筋板,可提高刀盘整体结构刚性,使刀盘传递扭矩更加均匀。闪长岩地层对盾构刀盘耐磨性能提出很高的要求,尤其上软下硬段,其掌子面不易稳定,须采用土压平衡模式掘进,往往土舱内和掌子面都充满渣土,其有效磨损面大,渣土滞磨率高,这使得刀盘设计时对耐磨需求往往更大。开拓号盾构机刀盘外周设置了2圈合金耐磨环+1圈耐磨块,面板焊接了碳化钨耐磨复合钢板,扭腿等处焊接了耐磨网格,刀盘背面和边缘过渡区也焊接了致密耐磨网格,可确保刀盘的耐磨性能。

进取号盾构机为使用过的旧盾构机,盾构刀盘周边焊有1.2 cm厚耐磨条,刀盘面板焊接有格栅状耐磨材料,以保证刀盘在闪长岩层掘进时的耐磨性能,因原刀盘磨损非常严重,部分区域耐磨焊已磨光,针对盾构机刀盘情况,按以下方案进行了修复:

(1)将刀盘面板清理干净,露出所有螺栓及焊缝。

(2)对刀盘进行探伤检查,确定刀盘使用安全性能,发现问题及时修复。

(3)检查刀盘盘面、盘缘及搅拌棒的硬质合金堆焊层,对磨损区域重新加堆硬质合金至规定要求,恢复其原有性能,确保刀盘整体耐磨性能。

(4)修复刀盘油损检测装置,疏通面板所有泡沫管路。

3.2.2 刀具布置

开拓号、进取号盾构机刀具配置及主要参数如表3.13所示。

表3.13 盾构刀具配置及主要参数表

项目	主要参数			
盾构型号	开拓号		进取号	
开口率	35%	中心开口率38%	37%	中心开口率40%
中心双联滚刀	6把	刀高187.7 mm 刀间距90 mm	4把	刀高175 mm 刀间距90 mm
单刃滚刀	35把	刀高187.7 mm 刀间距75 mm	32把	刀高175 mm 刀间距100 mm
正面刮刀	43把	刀高135 mm	56把	刀高140 mm
边缘刮刀	12把	刀高135 mm	8把	刀高140 mm
保径刀	16把	刀高135 mm	—	—
大圆环保护刀	16把	—	—	—
超挖刀	1把	伸出量40 mm	1把	伸出量50 mm
渣土改良注入口	6个	—	8个	—
磨损检测装置	2个	—	2个	—

开拓号、进取号盾构机中心双联滚刀刀间距均为90 mm，单刃滚刀刀间距分别为75 mm、100 mm，滚刀与刮刀之间的刀高差分别为52.7 mm、35 mm，相差较大。开拓号、进取号盾构机刀具布置如图3.8所示。

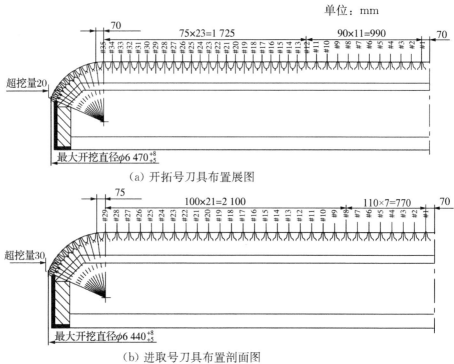

(a) 开拓号刀具布置展图

(b) 进取号刀具布置剖面图

图 3.8 盾构机刀具布置图

开拓号盾构机刀盘外周设置了 16 把大圆环保护刀，进一步提高了刀盘的耐磨性能。进取号盾构机刀盘滚刀、刮刀、仿形刀等磨损严重，按以下方案进行了修复：

（1）更换所有滚刀及配套锁具，更换已磨损刮刀，修复仿形刀。

（2）更换边缘刮刀丝套及刮刀螺栓。

3.3 闪长岩地层盾构低效掘进

3.3.1 低效掘进概况

开拓号、进取号盾构机在闪长岩地层掘进过程中，严控了以下 8 个掘进参数指标：① 推进速度；② 土仓压力；③ 总推力；④ 扭矩；⑤ 刀盘转速；⑥ 注浆压力；⑦ 注浆量；⑧ 排土量。这些掘进参数指标均通过理论计算结合试掘进来分析总结确定，开拓号、进取号盾构机在闪长岩地层的主要掘进参数详见表 3.14。

表 3.14 盾构在风化闪长岩地层的主要掘进参数表

盾构机	推进速度/(mm·min^{-1})	土仓压力/bar	总推力/kN	扭矩/(kN·m)
开拓号	10～20	0.8～1.2	9 500～13 500	2 500～3 500
进取号	10～20	0.6～1.0	10 000～12 000	1 200～2 000

盾构机	刀盘转速/(r·min^{-1})	注浆压力/bar	注浆量/m^3	排土量/m^3
开拓号	1.1～1.3	2.3～2.7	5.5～6.7	52～55
进取号	1.2～1.8	2.3～2.7	4.9	52～55

开拓号盾构机于 2019 年 9 月 26 日始发，2020 年 8 月 31 日贯通，其中在闪长岩地层掘进 650 环，用时 152 d，平均 4.3 环/d；进取号盾构机于 2020 年 4 月 5 日始发，2021 年 5 月 15 日贯通，其中在闪长岩地层掘进 647 环，用时 405 d，平均 1.60 环/d。由以上掘进数据统计易知，开拓号盾构机在闪长岩地层的掘进效率较高，而进取号盾构机在闪长岩地层的掘进效率却很低，究其原因，主要与盾构刀盘选型、刀具配置能否适应闪长岩地层有关。

3.3.2 原因分析

开拓号、进取号盾构机穿越的地层主要为闪长岩层，影响闪长岩层盾构掘进效率的主要因素是盾构机的适应性选型，关键要保证盾构刀盘具有足够的受力性能（即具有足够的强度、刚度和耐磨性能等）以及良好的切削保障性能（即具备足够的盾构推力、驱动扭矩、最大转速，合理的开口率、刀间距、刀高差等）。

1. 盾构刀盘受力性能分析

（1）开拓号盾构机

不同地层、不同区域、不同深度闪长岩风化程度不同，盾构刀盘在通过上软下硬风化闪长岩地层时偏载力较大，这就要求刀盘具有足够的强度、刚度。根据地铁区间隧道相关地质资料，取刀盘脱困扭矩以及计算推力进行刀盘加载，模拟开拓号盾构机刀盘受力情况，结果如图3.9所示。

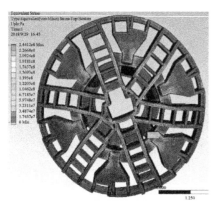 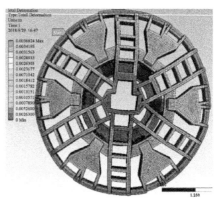

(a) 刀盘结构应力图　　　　(b) 刀盘结构应变图

图3.9　开拓号盾构机刀盘有限元分析结果

从上面分析结果得出，开拓号盾构机刀盘的最大应力为245 MPa，位置在支腿与法兰焊接处，其屈服强度许用应力为$[\delta_s] \geqslant 254$ MPa。结合地区经验，刀盘应力大部分在150 MPa以下，刀盘结构强度满足设计及施工要求；

最大变形为 3.68 mm，出现在刀盘边缘，刀盘中心点往外变形逐渐加大，变化均匀，在上软下硬段偏载较大条件下，刀盘变形在弹性变形范围以内，刚度可以满足施工需要。另外，开拓号盾构机刀盘外周、面板、扭腿等处焊接了耐磨环、耐磨块、耐磨网格等，并设置了16把大圆环保护刀，可确保盾构刀盘的耐磨性能。

(2) 进取号盾构机

进取号盾构机曾在南京、呼和浩特、杭州等地分别累计掘进 4.48 km，成功穿越过中风化粉砂岩、中风化安山岩等硬岩地层，且穿越期间未出现过任何重大故障，故在盾构机选型时根据经验判断刀盘具有足够的强度、刚度，可以适应中风化闪长岩地层盾构掘进需要，未对盾构刀盘进行强度、刚度的理论计算校核。另外，进取号盾构机刀盘外周、面板等处也焊接了耐磨条、耐磨网格，根据其他岩层中的掘进经验，其可保证刀盘在岩层掘进时的耐磨性能。

2. 盾构切削保障性能分析

(1) 开拓号盾构机

根据区间隧道相关地质资料，结合开拓号盾构设备参数，利用式(2.2)、式(2.8)，计算开拓号盾构机最大总推力 $F=24\ 977$ kN$<42\ 575$ kN，最大刀盘扭矩 $T=3\ 377$ kN·m$<6\ 449$ kN·m，易知开拓号盾构机总推力、刀盘扭矩均符合要求。

在裂隙较发育的破碎岩层，开拓号盾构机的滚刀采用高韧性耐磨刀圈；在裂隙不发育的完整岩层，开拓号盾构机的滚刀采用高耐磨型增韧刀圈。滚刀轴承是铁姆肯（TIMKEN）轴承，边滚刀启动扭矩为 30～35 N·m，面板滚刀启动扭矩为 20～30 N·m，刃宽为 25 mm，滚刀承载力为 250 kN，根据式(2.16)～式(2.18)，结合闪长岩单轴抗压强度、抗拉强度及盾构所用滚刀形式，计算盾构破岩的最佳刀间距 $S=78.9$ mm，这与开拓号盾构配置的刀间距 75 mm 较为切合。根据岩石破坏特性，结合类似地层施工经验，计算滚刀较刮刀高出 40 mm 以上较合理，故开拓号盾构机刀间距、刀高差配置基本符合理论计算结果，可满足在风化闪长岩中掘进需要。

另外，开拓号盾构机刀盘设置有超挖刀，可以增强盾构机的转弯能力和姿态调整能力，盾构机刀盘转速范围、开口率、中心开口率、最大推进速度等均为常规经验值，可满足盾构在风化闪长岩中施工需要。

（2）进取号盾构机

根据区间隧道相关地质资料，结合进取号盾构设备参数，利用式(2.2)、式(2.8)，计算进取号最大总推力 $F=29\ 857$ kN $<42\ 575$ kN，盾构机最大刀盘扭矩 $T=42\ 73$ kN·m $<5\ 538$ kN·m，易知进取号盾构机总推力、刀盘扭矩均符合要求。

进取号盾构机采用 17 寸（约 567 mm）滚刀，刀圈采用 H13 优质合金钢，轴承是铁姆肯轴承，滚刀启动扭矩为 26～28 N·m，刃宽为 25 mm，滚刀承载力 250 kN，根据式(2.16)～式(2.18)，结合闪长岩单轴抗压强度、抗拉强度以及盾构所用滚刀形式，计算盾构破岩的最佳刀间距

$S=76.2$ mm，这与进取号盾构配置的刀间距 100 mm 相差较大，可见滚刀刀间距设置不合理。另外根据岩石破坏特性，结合类似地层施工经验，计算滚刀较刮刀高出 38 mm 以上较合理，这比进取号盾构配置的刀高差 35 mm 要大，可见滚刀与刮刀之间刀高差设置也不合理。

另外，进取号盾构机刀盘亦设置有超挖刀，盾构机刀盘转速范围、开口率、中心开口率、最大推进速度等均为常规经验值，可满足盾构在风化闪长岩中施工需要。

由以上分析可知，开拓号盾构机在闪长岩层掘进效率高的主要原因在于：盾构机刀盘选型及刀具配置能适应闪长岩地层，盾构刀盘受力性能优异，切削保障性能优良，滚刀破岩效率较高。

进取号盾构机在闪长岩地层掘进效率低的主要原因在于：盾构机刀盘选型及刀具配置不合理，刀盘选型时主要依赖岩石地层施工经验判断，并未结合闪长岩破坏特性从理论上进行科学校核。这导致盾构刀盘强度、刚度均不适应地层需要，掘进时不敢加大盾构推力、扭矩等。另外，刀具配置不合理，滚刀之间刀间距设置过大，滚刀与刮刀之间刀高差设置过小，而闪长岩破坏特性呈脆塑性、塑性，过大的刀间距、过小的刀高差，容易导致滚刀破岩效率低下。

此外，制约盾构机在闪长岩层掘进效率提升的主要原因还有：

① 闪长岩天然单轴抗压强度高，从开仓取样试验情况来看，其基本在 170～180 MPa，盾构机克服闪长岩地

层难度较大。

② 盾构机刀具出现非正常磨损，如刀圈脱落、开裂及崩口等，尤其是刀圈脱落，容易造成大批量刀具损坏，导致换刀数量多、耗时久。

③ 由于盾构掘进速度缓慢，同步注浆未能及时对管片背后水路进行有效封堵，土仓内渣土改良不能达到预期效果，导致土仓内水土压力较大，掘进过程发生喷涌漏泥现象较严重，清理时间较长。

以上第①点原因已在第3.1节阐述，此处不再赘述。第②点、第③点原因，在第3.4节、第3.5节做重点分析。

3.3.3 预防控制措施

为进一步提高盾构机在闪长岩地层的掘进效率，经反复试验摸索及总结，在其他类似地层区间采取了以下预防控制措施：

1. 区间线路优化

鉴于风化闪长岩地层地质条件复杂，尤其是中风化闪长岩，风化程度极不均匀，单轴抗压强度大，破坏特征还呈脆塑性、塑性，破碎带也较多，分布毫无规律，基岩裂隙水赋存条件好，故在进行区间线路设计时，按照能避则避、能让则让的思路进行。

在某城市地铁某区间的原设计中，盾构须大量穿越高强度的中风化闪长岩，在摸清风化闪长岩尤其是中风化闪长岩的工程特性后，对其进行了线路优化调整，如图3.10所示。

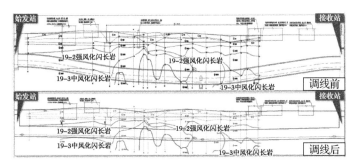

图 3.10　闪长岩区段盾构线路调整

根据图 3.10 易知，线路优化调整后，盾构在区间始发端及接收端附近避开了大量上软下硬不良地质，为盾构安全穿越既有建（构）筑物创造了良好的条件；尤其在区间中部极大地缩短了穿越高强度中风化闪长岩的长度，为盾构顺利贯通整个区间奠定了良好的基础。

2. 盾构刀盘优化

进取号盾构机采用 4 辐条＋4 面板复合式刀盘形式穿越中风化闪长岩。因施工前未充分认识到闪长岩风化程度的极不均匀性，刀盘选型不尽合理，强度、刚度较弱，盾构掘进过程中，遇高强度风化闪长岩，掘进效率极低，刀具掉落频繁，损坏严重。

开拓号盾构机采用 6 辐条＋6 面板复合式刀盘形式穿越中风化闪长岩，刀盘较合理，强度、刚度较好，掘进效率也较高，但也存在刀具掉落情况。根据其刀盘结构应力及应变图分析，刀盘牛腿处传递推力和扭矩应力大，刀盘外侧处悬臂结构无支撑、变形大。

鉴于中风化闪长岩具有风化程度极不均匀、单轴抗压强度大、破碎带分布毫无规律等特性，在后续穿越风化闪长岩地段，对 6 辐条＋6 面板盾构刀盘进行了加强，如图 3.11 所示。

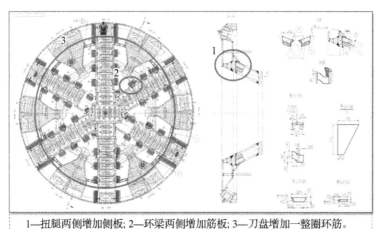

1—扭腿两侧增加侧板；2—环梁两侧增加筋板；3—刀盘增加一整圈环筋。

图 3.11 盾构刀盘优化示意图

（1）在刀盘扭腿两侧增加了侧板。

（2）在刀盘环梁两侧增加了筋板。

（3）在刀盘外圈增加了一整圈环筋。

刀盘加强后，地层盾构适应性变好，之前刀盘刚度弱而引发的刀具掉落、刀具偏磨问题得到缓解。

3. 盾构刀具优化

进取号盾构机穿越风化闪长岩段，刀盘正面滚刀刀间距为 100 mm，刀高差为 35 mm，采用的是 17 寸（约 567 mm）标准刀。因施工前未充分认识到风化闪长岩的特殊性，刀具配置也不尽合理，盾构掘进过程中，刀具破岩效果不佳，掉落频繁，损坏严重。

为进一步改善盾构机刀具的破岩能力、承载能力及耐磨损特性，降低盾构机的刀具掉落及不正常损坏情况，提高盾构掘进效率，在后续穿越风化闪长岩地段，对盾构刀具进行了优化：

(1) 中心滚刀由盾构刀具安装形式调整为隧道掘进机(TBM)刀具安装形式。

(2) 正面滚刀刀间距缩小至75～80 mm，刀高差增大到47.7 mm。

(3) 边滚刀由2把调整为3把。

(4) 滚刀大小由17寸（约567 mm）调整为18寸（600 mm），滚刀形式由标准刀调整为重型刀。

(5) 刀圈强度及刚度增强，刀刃采用19～22 mm宽圆弧形刃口。

(6) 采用标准化刀具安装方式，适当降低推力，调整好转速，勤检查、勤更换受损刀具。

刀具优化后，地层盾构适应性变好，掘进效率有所提高，刀具掉落现象、不正常损坏现象大幅降低。

3.4 闪长岩地层盾构刀具磨损

3.4.1 刀具磨损概况

闪长岩地层盾构掘进，不可避免地会存在着刀具磨损问题，在闪长岩地层掘进过程中，开拓号、进取号盾构机的刀具磨损形式主要为崩刃、刀圈脱落、偏磨、正常磨损等，如表3.15及图3.12所示。

开拓号、进取号盾构机在闪长岩地层试掘进期间，平均每掘进1.4环损坏一把滚刀，盾构滚刀损坏部位及数量统计如表3.16所示。

表 3.15　盾构刀具损坏形式统计表

岩层特征	工程地质	刀具损坏形式	占比及总结
破碎岩层	强风化闪长岩 中风化闪长岩	正常均匀磨损	59%
		崩刃及刀圈脱落	31%（刮刀合金块脱落、滚刀挡刀环错位、刀圈脱落）
		偏磨	10%
完整岩层	中风化闪长岩	正常均匀磨损	72%
		偏磨及刀圈脱落	28%

（a）崩刃

（b）刀圈脱落

（c）正常磨损

（d）偏磨

图 3.12　盾构刀具损坏示例

表 3.16　盾构滚刀损坏部位及数量统计表

岩层	统计环数/环	刀具损坏部位	损坏数量/把	占比/%	备注
风化闪长岩	504	正面滚刀	180	49.7	平均每掘进1.4环换一把滚刀
		边滚刀	160	44.2	
		中心滚刀	22	6.1	

可见，开拓号、进取号盾构机在闪长岩地层试掘进期间，盾构机滚刀尤其正面滚刀、边滚刀的损坏率较高。

3.4.2　原因分析

开拓号、进取号盾构机在闪长岩地层掘进过程中，盾构机刀盘选型不合理是导致刀具发生崩刃、刀圈脱落、偏磨等主要原因之一。除此之外，导致崩刃的主要原因还可能是刀具强度太高，韧性差，掘进参数不佳，当刀具转至软硬地层交界面时，受到较大的冲击力；换刀时破碎的刀刃卡在掌子面、土仓下边或者刀盘与掌子面之间的狭小空隙，捞仓时不易被发现，在刀盘转动时碰到新换刀刀刃上，局部受到撞击。另外，在推进过程中掌子面上方掉下大块局部硬度较大的岩石撞击，也可能会导致这一情况。导致刀圈脱落的主要原因还可能是推进过程中岩石块太大，螺旋机转不出去，在土仓内连续撞击滚刀，或者刀具掉入土仓内撞击滚刀。导致刀具偏磨的主要原因是刀轴不转，导致刀轴不转的原因可能是岩石大块撞击刀轴轴套而导致刀具轴承变形，也可能是受到掉落的刀具撞击。

3.4.3 预防控制措施

为进一步降低盾构机在闪长岩地层掘进的刀具损坏率，经反复摸索及总结试验，发现通过调整盾构掘进参数以及刀具配置参数，可减小刀具在交界面的冲击力，降低滚刀的损坏率。调整掘进参数采用的方法如下：

（1）慢速掘进、快速转动刀盘，减小刀具贯入度，从而减小刀具冲击。

（2）慢速掘进、慢速转动刀盘，增大刀具贯入度，但由于转速较低，刀具冲击力较小。

调整掘进参数后刀具损坏对比情况详见表 3.17。

表 3.17 盾构掘进参数调整统计表

序号	推力/kN	掘进速度/(mm·min^{-1})	刀盘转速/(r·min^{-1})	刀盘扭矩/(kN·m)	刀具损坏情况
1	12 000	20	1.8	1 200~2 000	平均每把刀使用 2.2 环
2	10 000	15	1.5	1 000~1 800	平均每把刀使用 3.1 环
3	8 000	10	1.2	600~1 500	平均每把刀使用 4.2 环

鉴于盾构刀具非正常磨损情况严重，对刀圈的强度及转动扭矩进行了调整，见表 3.18。

表 3.18 盾构刀具参数调整统计表

序号	刀圈强度	转动扭矩/(N·m)	优缺点
1	HRC58~HRC60	28	耐磨、韧度差，适用于全断面岩层
2	HRC55~HRC56	26	韧度高、不耐磨，适用于复合地层

为降低刀具损坏程度，提高掘进效率，采取了以下措施：

1. 调整刀圈性能

根据闪长岩地层强度变化情况，对刀圈刃型、刀圈硬度及冲击韧性进行调整。对于基岩突起、上软下硬等变化区间段，采用宽刃滚刀，提升刀圈抗冲击性能；对于掌子面稳定、地质状态相对均一的地层，在保证刀圈抗冲击性能前提下，提升刀圈硬度以保证滚刀的耐磨性能。

2. 合理设定参数并加强刀具检查

对于裂隙发育、破碎闪长岩层，遵循小推力、低刀盘转速、低掘进速度、小贯入度原则，以磨岩为主，保护刀具；对于完整性、高强度闪长岩层，结合刀具承受荷载能力，适当增加推力，提高刀盘转速破岩；当刀盘扭矩、推力等参数异常，或刀盘振动波动较大、土仓内出现异响时，根据闪长岩地层情况，并及时检查、更换破损刀具。此外，设置预定开仓地点，及时检查或更换刀具，条件允许时每 10 环开仓检查刀具、观察掌子面岩层及复紧刀盘螺栓 1~2 次。

3. 加强滚刀装配连接

为防止滚刀因装配不牢靠，发生非正常磨损现象，单轴式滚刀采用球面组合垫片及 TBM 专用的双防松螺母，端盖式滚刀采用洛帝牢（Nord-Lock）防松垫圈，并对双螺栓进行钢筋连接。

4. 现场配备维修车间

盾构机滚刀采用铁姆肯轴承、格茨橡（Goetze）胶金属浮动密封，现场配备刀具维修车间，可以及时对拆除滚刀进行维修处理，并根据地层情况进行滚刀启动扭矩调整，边缘滚刀启动扭矩调为 30~35 N·m，面板滚刀启动扭矩调为 20~30 N·m。

5. 加强刀具储备和刀具配置

根据区间刀具使用情况，现场储备足量刀具，以供换刀使用。在边刀位置加设 6 把先行刀，减少滚刀磨损。边刀选用刃宽 28 mm 的滚刀，保证小曲线半径开挖直径，以及耐磨、耐冲击性。

6. 委托专业人员换刀

根据几次换刀作业情况，自有换刀人员专业水平一般化，换刀作业效率较低，处理拆割刀、打刀槽、维修刀箱能力欠缺，耗时严重，邀请外部专业换刀人员 3 人，驻场跟踪换刀作业，提高换刀作业效率。

3.5 闪长岩地层螺旋机喷涌

3.5.1 螺旋机喷涌概况

地铁区间盾构掘进常常需要穿越建筑物、市政桥梁等重大风险源。进取号盾构机穿越某建筑物区段隧道埋深 18.05 m。地层涉及全风化、强风化（短柱状）以及中风化闪长岩，地下水主要为孔隙水和基岩裂隙水。某建筑物为地上 8 层框架结构，预制混凝土桩基础，桩长约 14.3 m，桩径 400 mm，隧道右线正下穿建筑，且距建筑桩基最小净距 3.75 m，如图 3.13 所示。

第 3 章
闪长岩地层盾构施工案例技术分析

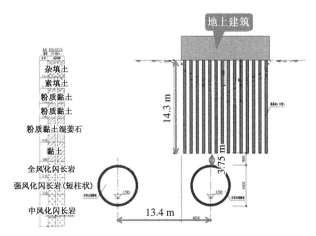

图 3.13 盾构下穿某建筑物示意图

针对该重大风险，设计给出的措施为：一是随时调整盾构施工参数，减少盾构的超挖和欠挖；二是加强管片配筋，增强其纵向刚度，并增设注浆孔；三是加强对建筑变形监测，发现沉降变大及时二次补浆。进取号盾构机下穿某建筑物前，设定了一模拟施工段，总结了盾构掘进控制参数，也加强了对建筑物的监控量测，但螺旋机喷涌现象未有效解决，施工过程中大量泥水从螺旋机出渣口喷出，喷出的渣土含水量高，基本为泥水状，且含有大量闪长岩块，如图 3.14 所示。

图 3.14 螺旋机喷涌及出渣情况

进取号盾构机在穿越某建筑物时,由于喷涌管控不力,建筑物出现变形开裂情况,如图 3.15 所示。现场巡视发现此情况后,立即启动了应急预案,通过采取预埋注浆孔二次注浆等措施,有效控制了建筑物的变形。

 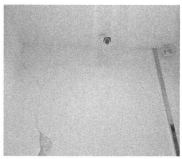

图 3.15　建筑物出现开裂情况

3.5.2　原因分析

进取号盾构机下穿某建筑物区段的地质主要为全风化、强风化(短柱状)以及中风化闪长岩,属于上软下硬、软少硬多地层,盾构机在这类地层中掘进,易发生螺旋机喷涌现象,主要原因如下:

(1) 盾构在强风化(短柱状)、中风化闪长岩地层掘进,由于土仓内没有足够的黏性土物质,进入土仓内的地下水与岩渣不能黏合成一体,在土仓内形成"水是水,渣是渣"的状态。而强风化(短柱状)、中风化闪长岩地层裂隙水发育,部分区段具有微承压性,易造成开挖面及管片后方来水量大。若渣土改良不善,高水压、大流量的地下水将穿越土仓内和螺旋机,使螺旋机演变为承受一定压力的液体管道,而不是流塑或软塑固体通道。一旦打开螺旋输送机闸门,就会有高压泥水喷出。

(2) 强风化(短柱状)、中风化闪长岩强度高,盾构在强风化(短柱状)、中风化闪长岩地层中掘进较困难。当螺旋机关上闸门,地层中的裂隙水很快会充满土仓内,使得渣土过稀、流动性过大。另外,当管片背后注浆不充分或随着水流流失时,管片背后会形成地下水储流通道,大量水积聚在管片背后,易经工作面进入土仓。如果渣土改良不力,土仓内水土压力会迅速上升,再打开螺旋机闸口后泥水又将喷出。

3.5.3 预防控制措施

闪长岩地层盾构施工,尤其是穿越建筑物施工,要确保盾构安全掘进,必须多措并举,解决螺旋机喷涌问题,开拓号、进取号盾构机在后续掘进过程中,采取了以下应对措施和方法:一是加强注浆管控,抑制管片后方来水;二是加强渣土改良,确保土仓内形成土塞效应;三是加强出土控制,确保维持进出土平衡;四是加强精细化管控,促使盾构实现安全动态掘进。

1. 加强注浆

(1) 加强同步注浆控制

通过加强同步注浆参数设计,提高浆液早期强度,确保管片脱出盾尾后,外环状空隙可充分填充,抵抗基岩裂隙水的影响。经现场试验,盾构可采用消石灰基单液进行同步注浆,具体方案如下。

① 注浆材料

采用膨润土、粉煤灰、消石灰、砂、水和外加剂作为同步注浆材料。该注浆材料具有结石率高、结石体强度高、耐久性好和能防止地下水浸析的特点。

② 浆液配比及基准配合比

根据现场试验，结合区间地质情况及盾构施工经验，盾构掘进可采用同步注浆浆液配比，如表3.19所示。

表3.19 盾构同步注浆材料配比表

水胶比	胶砂比	膨润土掺量/%	消石灰掺量/%	外加剂
0.55～0.80	≥0.3	5～15	≥15	按需要根据试验加入

注：配合比中胶凝材料包括消石灰、膨润土和粉煤灰等矿物掺合料，掺量均为该材料占胶凝材料总量的质量百分比。

经现场试验，水胶比取0.77，胶砂比取0.48，膨润土掺量取11.6%，消石灰掺量取18.6%；按经验，消石灰用量80 kg/m³，膨润土用量50 kg/m³，水用量330 kg/m³；据此确定的基准配合比为(kg/m³)：消石灰：粉煤灰：膨润土：细沙：水：外加剂＝80：300：50：900：330：3。

③ 注浆压力

设定的注浆压力要介于太沙基松动土压力与全覆土压力之间，同时要避免浆液进入盾构机的土仓中。盾构机最初的注浆压力根据理论太沙基松动土压力确定，实际掘进过程中可根据监测数据进行动态优化。

④ 注浆量

注浆量一般采用几何学上规定的尾部空隙量的观点，但还要考虑注浆材料与土体的渗透性和加压导致向土体内的压入、排水固结、超挖等因素。根据经验公式，结合闪长岩地层盾构区间施工经验，注浆量取计算体积的1.3～

1.8 倍为宜。

⑤ 注浆时间和速度

通过控制同步注浆压力和注浆量双重标准来确定注浆时间。注浆量和注浆压力达到设定值后才能停止注浆,否则仍需要补浆。同步注浆速度要与盾构掘进速度相匹配。

(2) 加强二次注浆控制

为进一步填补同步注浆流失造成的孔隙,提高同步注浆浆液的早期强度,确保管片背后孔隙充填密实,可在管片脱出盾尾后,通过管片注浆孔向管片外周进行二次注浆形成一道止水环,进一步防止管片后方形成汇水通道。为尽快稳定管片,二次注浆位置应尽量靠近盾尾,但太靠近盾尾又会损害盾尾刷。根据施工经验,结合地层实际,选择在管片出盾尾 6~7 环(约 7 m)的位置进行二次注浆。

二次注浆浆液为瞬凝性且具有较高早期强度的水泥-水玻璃双液浆。水泥浆和水灰的比为 1∶1,水玻璃浓度为 30~40°Bé′,试验室凝固时间控制在 20~30 s。当凝固时间少于 15 s 时,极易发生堵管,且易在管片背后注浆孔周围形成"鼓包",影响浆液继续扩散,使浆液不能充分地填充空隙;当凝固时间大于 30 s 时,则地下水的稀释作用会使浆液不能及时凝固而产生较大的流失。二次注浆主要采用压力控制,压力控制在 0.5~1 MPa。

2. 加强渣土改良

渣土改良要求具有良好的流塑性、合适的稠度、较低的透水性、较小的摩阻力。国内常见渣土改良材料及其改良原理、作用、优点、缺点等如表 3.20 所示。

表 3.20 常见渣土改良材料

种类		代表材料	原理	作用	优点	缺点	适用土质
界面活性材料		发泡剂	发泡剂与压缩空气混合,形成泡沫,泡沫具有润滑、扩散、弹性特性	便于渣土的流动和运输;泡沫和土舱内的泥土混合加压稳定掌子面、防止坍塌,提高止水性	无污染,渣土容易解决;设备简单,施工便利	发泡需要很大的气体压力,可能引起土舱压力突增	细颗粒土层
矿物类		膨润土、蒙脱土	蒙脱石晶格吸水膨胀,晶层间钠离子相互连接形成滤饼,可以演变为一个低渗透性的薄膜	低渗透性的泥膜有利于给工作面传递密封土舱压力,提高密封渣土和易性,减少喷涌	膨胀率高,在粗粒砂等渗透性很大而泡沫改良效果不好的地层中可以起到很好的效果	需要制泥设备;泥浆存在环境污染问题;易堵塞管路	渗透性稍大的地层
高分子类	聚合物	水溶性高分子	聚合物链连接细小颗粒,增大土体黏性	增大黏性	渣土改良效果立竿见影	废物需处理;价格昂贵	无黏性土的土层
		高吸水性树脂(环氧树脂)	遇水发生反应,达到止水效果	提高渣土的止水性、防止喷涌	渣土改良效果立竿见影	不适宜酸碱地基,化学加固区;价格昂贵	高水位、含水量高的土层
水		—	水可降温、润滑	提高渣土的流动性、降低刀盘温度	廉价、方便	改良效果一般、作为辅助材料	较干土质、硬岩

开拓号、进取号盾构机在后续掘进过程中，加大了渣土改良力度，在土仓内加入了膨润土、聚合物对渣土进行了改良：

(1) 每环掘进过程中加入 8 m³ 完全膨化的膨润土泥浆，通过注入膨润土，提高渣土的和易性、级配性，从而提高其止水性。

(2) 每环掘进过程中加入 100～150 kg 聚合物，通过加入聚合物，改变渣土的流动性和黏聚力，降低土体的渗透性和摩擦力，增加渣土之间的黏性，使渣土尽量满足土压平衡盾构的施工要求。

采取以上渣土改良措施后，盾构机喷涌现象有所改观，但随之而来的是渣土改良成本加大了。

3. 加强出土控制

出土量的大小是判断盾构是否出现超挖、欠挖的最直观依据。盾构施工过程中，应控制每环出土量偏差不超过理论值的 2%，且不允许出现超挖、欠挖。开拓号、进取号盾构机采用了以下措施来控制出土量：

(1) 通过用龙门吊吊土称重方法，计算盾构机每环掘进的实际出土量，并与理论出土量做比较，及时调整掘进参数。

(2) 通过用体积测量方法，计算盾构机每环掘进的实际出渣体积，监测出土量是否异常。

(3) 与上环盾构机掘进出土量作比较，监测盾构机出土量是否异常。

(4) 根据地面沉降监测情况动态调整出土量。

（5）通过螺旋机转速控制出土量。

4. 加强精细化管控

开拓号、进取号盾构机在后续掘进过程中，采取了以下措施加强掘进过程的精细化管控。

（1）合理设置土仓压力。全断面中风化闪长岩强度高、地层稳定，土仓压力可根据裂隙水防堵需要灵活设定。全风化和强风化闪长岩地层强度较低，有遇水软化现象，当覆土厚度在1~2倍隧道外径或更高时，土仓压力采用太沙基松动土压力理论计算较合理。

（2）严格控制掘进参数。通过对推力及出渣速度的控制，尽量维持土仓压力的稳定，降低喷涌风险，必要时适当降低扭矩，减少盾构机对土体的震动，保证盾构机能一次性均匀快速地通过风险源，避免出现停机现象。

（3）严格控制盾构姿态。在盾构机下穿重大风险源之前，将盾构机的姿态调整至最佳，不过分抬头，不超量纠偏，不蛇行摆动，减少对盾构机周围土体的震动。同时，在盾壳外侧注入高黏度膨润土泥浆填充盾体与围岩之间的间隙。

（4）优化改造螺机设备。在盾构机隔板底部设置防涌门，两个液压油缸装在隔板后面通过连杆控制闸门，更换螺旋轴或螺旋机收缩时关闭防涌门，能起到防喷涌、保证土舱压力而使开挖面稳定的作用。在螺旋机出渣口处配备双闸门并加设0.7 m高挡板，可以通过交互开闭两道闸门形成迷宫通道缓冲喷涌，通过高挡板防止渣土向出土口两侧喷涌。同时，在螺旋机出渣口下方设置渣土箱，及时对

第 3 章
闪长岩地层盾构施工案例技术分析

喷涌出的泥水进行清理,提高清渣效率,如图 3.16 所示。

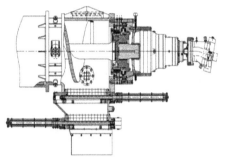

图 3.16 隔板底防涌门及螺旋机双闸门

(5)加强沉降监测。加密喷涌区段沉降监测点,加大监测频率,并及时对沉降值进行分析,若发现地面沉降接近或达到报警值时,可以进行地表补偿注浆。

3.6 闪长岩地层盾构施工经验总结

闪长岩性状特殊。全风化和强风化闪长岩强度较低,中等透水,有遇水软化现象,盾构在该类地层施工,尤其是穿越建筑物施工,容易因螺旋机喷涌导致开挖面失稳,进而引发建筑物开裂等问题;中风化闪长岩强度高,风化程度不均,破坏特征呈脆塑性、塑性,盾构在该类地层施工容易出现掘进效率低下、刀具损坏严重等情况。本章以J市地铁区间闪长岩地层盾构施工为背景,从技术层面分析了不同刀盘刀具形式对盾构掘进效率的影响、刀具损坏的类型及其应对措施、解决螺旋机喷涌问题的措施和方法等,主要经验总结如下。

(1) 地质是基础。盾构机适应性选型前,要详细研读详勘报告,分析闪长岩物理力学性质,必要时可通过施工补勘进一步探究,做到全面了解闪长岩工程特性,准确识别盾构在闪长岩区段存在的潜在风险。

(2) 鉴于闪长岩地质条件复杂,尤其是中风化闪长岩强度大,盾构施工难克服。在进行区间线路设计时,要按照能避则避、能让则让的思路进行;在施工开始前,要充分分析线路优化调整的可能性。

(3) 设备是关键。闪长岩地层盾构施工要做好盾构设备适应性选型,尤其是刀盘刀具的选型工作。选型时除了要借鉴岩石地层盾构掘进经验外,还须结合闪长岩地层特性对刀盘刀具等做理论性校核。

(4) 含中风化闪长岩地层盾构施工,宜采用6辐条+6面板复合式刀盘盾构机。为进一步提升刀盘强度、刚度,可在刀盘扭腿两侧、环梁两侧以及刀盘外圈等区域进行加强;刀盘正面滚刀刀间距建议设置在75~80 mm,滚刀与刮刀的刀高差建议设置在45~50 mm,滚刀建议选18寸(600 mm)重型刀,刀刃建议采用19~22 mm宽圆弧形刃口,边滚刀建议设置2~3把。

(5) 闪长岩地层盾构设备适应性选型,若过分依赖岩石地层施工经验，不结合闪长岩破坏特性从理论上进行科学设计校核，容易导致盾构刀盘强度、刚度等不适应地层，刀间距、刀高差等配置不能有效破岩，进而引发盾构掘进效率低下、刀具频繁损坏、螺旋机喷涌加剧等情况发生，进而危及工程的进度、安全目标。

（6）管理是核心。闪长岩地层盾构施工，尤其穿越建筑物等风险源施工，要加强精细化管理，通过合理设定土仓压力、同步注浆压力、同步注浆量等参数，采取渣土改良、盾壳外注入膨润土泥浆、盾尾施作止水环箍等管控措施，确保盾构掘进能实现土压平衡、进出土平衡及填损平衡，进而确保建筑物等风险源的安全。

（7）盾构在裂隙发育、破碎的闪长岩地层掘进时，要遵循小推力、低刀盘转速、低掘进速度、小贯入度原则，以磨岩为主，保护刀具；在完整性、高强度的闪长岩层掘进时，要结合刀具承受荷载能力，适当增加推力、提高刀盘转速破岩。当刀盘扭矩、推力等参数异常，或刀盘振动波动较大、土仓内出现异响时，要根据闪长岩地层情况，及时检查、更换破损刀具。此外，要设置预定开仓地点，及时检查或更换刀具，条件允许情况下，每班开仓检查刀具、观察掌子面岩层及复紧刀盘螺栓1～2次。

（8）盾构在富水全分化、强分化闪长岩地层掘进时，可采用气压模式满仓掘进，加强注浆管控、抑制管片后方来水，加强渣土改良、确保土仓内形成土塞效应，加强出土控制、确保维持进出土平衡等措施，解决盾构螺旋机喷涌问题。

第 4 章
灰岩地层盾构施工案例技术分析

第 4 章
灰岩地层盾构施工案例技术分析

灰岩地层具备一定强度，同时其内部还分布着岩溶。在盾构灰岩地层施工时，若地质勘探不准确或岩溶处理不当，容易诱发盾构抬叩头、螺旋机喷涌、管片上浮等施工风险。因此，如何控制盾构在灰岩地层掘进过程中的各类风险，确保施工安全，是业内普遍关注的基本问题和技术难题。本章以 G 市地铁区间灰岩地层盾构施工为背景，采用统计分析、试验研究、理论计算等方法，在探究灰岩地层特性的基础上，总结分析盾构施工的重点和难点以及风险应对措施，可为类似地层盾构施工提供参考和借鉴。

4.1 灰岩地层特性

石灰岩简称灰岩，是以方解石为主要成分的碳酸盐岩，含有白云石、黏土矿物和碎屑矿物，颜色以灰、灰白、灰黑等为主，硬度中等，按成因分类属于沉积岩。灰岩以浅海沉积环境为主，按成因可划分为粒屑石灰岩（流水搬运、沉积形成）、生物骨架石灰岩，以及化学、生物化学石灰岩。灰岩的主要化学成分是碳酸钙（$CaCO_3$），容易溶蚀形成石林和溶洞等。

4.1.1 工程地质与水文地质

1. 工程地质

G 市地铁 L—S 区间上覆土层以杂填土、素填土、粉质黏土为主，下伏基岩以中风化灰岩、（破碎）灰岩、角砾状灰岩为主。灰岩溶洞随机分布，洞体大小不一同，充填情况各异。区间隧道埋深 16.1～23.2 m，采用盾构法施工，典型地质剖面及揭露灰岩样本分别如图 4.1 和图 4.2 所示。盾构穿越地层主要为中风化灰岩、（破碎）灰岩、角砾状灰岩以及岩溶发育带，穿越地层分布与特征描述如表 4.1 所示。

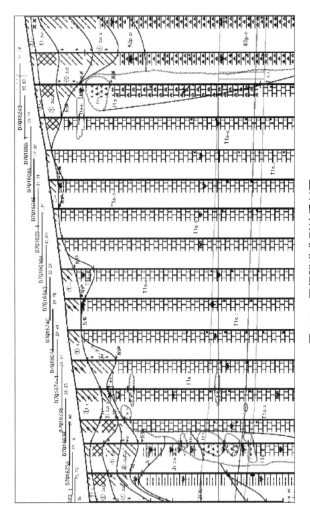

图 4.1 区间隧道典型地质剖面

第4章 灰岩地层盾构施工案例技术分析

(a) 灰岩渣样

(b) 工作面灰岩情况

(c) 角砾状灰岩渣样

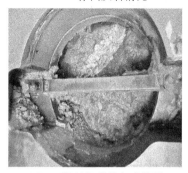

(d) 工作面角砾状灰岩情况

图 4.2 现场揭露灰岩、角砾状灰岩情况

表 4.1 工程地质特征及其分布

时代成因	层号	地层名称	特征描述	分布
三叠系上青龙组	T1s-3	中风化灰岩	灰色、深灰色。隐晶质结构，中厚层—厚层状构造。裂隙较发育，一般有方解石充填，局部可见溶蚀现象。岩芯呈短柱、柱状。强度较高，属较硬岩—坚硬岩，锤击难碎。岩芯采取率值一般为90%~95%，岩石质量指标一般为80%~90%，岩体基本质量等级为Ⅲ级	连续分布
	T1s-3′	中风化（破碎）灰岩	灰色、深灰色。岩芯呈碎块、块状，少量短柱状，锤击不易碎，岩性较硬。岩体基本质量等级为Ⅴ级	

113

续表 4.1

时代成因	层号	地层名称	特征描述	分布
三叠系上青龙组	T1s-3j	中风化角砾状灰岩	灰色。钙质胶结，角砾状结构，中厚层—厚层状构造，角砾成分为灰岩。岩芯总体呈短柱、柱状。强度较高，属较硬岩—坚硬岩，锤击难碎。岩芯采取率值一般为90%~95%，岩石质量指标一般为80%~90%，岩体基本质量等级为Ⅲ级	连续分布
	T1s-3c	溶洞	可塑黏性土夹溶蚀岩块充填，钻进时漏水	

2. 水文地质

(1) 地下水类型

L—S区间地形地貌较复杂、地层类型多、变化大，水文地质条件较复杂。地下水依据埋藏条件和赋存条件，可分为松散岩类孔隙潜水、孔隙微承压水，以及基岩裂隙水、碳酸盐岩类岩溶裂隙水。孔隙潜水分布于阶地间冲沟地带，水量较小；孔隙微承压水主要分布于粉土层中；基岩裂隙水主要分布于基岩破碎带、裂隙发育带，具有承压性；碳酸盐岩类岩溶裂隙水主要分布于灰岩、角砾状灰岩裂隙、破碎带及岩溶发育带内，具有承压性。

(2) 地下水补给、径流、排泄条件

孔隙潜水在雨期接受大气降水补给，局部分布，径流滞缓，蒸发排泄；基岩裂隙水主要接受土层地下水或周围裂隙水补给，具有承压性，埋藏较深，径流一般较滞缓；碳酸盐岩类岩溶裂隙水主要受岩溶发育影响，接受大气降水及土层越流补给，沿岩溶发育带径流。

第4章 灰岩地层盾构施工案例技术分析

(3) 地层渗透性

根据室内试验结果,结合地区经验资料,中风化灰岩、角砾状灰岩裂隙水发育,中风化(破碎)灰岩属于弱透水,渗透系数建议值和透水性评价如表4.2所示。

表4.2 岩土层渗透系数建议值和透水性评价

层号	岩土名称	渗透系数建议值/(cm·s^{-1})	透水性评价
T1s-3	中风化灰岩	—	裂隙水发育
T1s-3′	中风化(破碎)灰岩	5.0×10^{-4}	弱透水
T1s-3j	中风化角砾状灰岩	7.9×10^{-3}	中等透水

(4) 地下水水位

地下水水位受地形地貌、地层岩性、裂隙状况等影响。勘察期间,场地实测孔隙潜水稳定水位埋深2.2~6.2 m,随地势变化;基岩、岩溶裂隙水稳定水位埋深1.9~3.2 m,具有承压性。

4.1.2 灰岩物理力学特性

1. 中风化灰岩

中风化灰岩呈灰色、深灰色。岩芯呈短柱、柱状。抗压强度高,平均抗压强度在60 MPa以上,抗拉强度约为抗压强度的1/12。岩芯采取率值一般为90%~95%,岩石质量指标一般为80%~90%,岩体基本质量等级为Ⅲ级。中风化灰岩物理力学参数如表4.3所示。

2. 中风化(破碎)灰岩

中风化(破碎)灰岩呈灰色、深灰色。强度受裂隙影响大，抗压强度低于中风化灰岩，在天然状态下为49.57 MPa，而在饱和状态下仅40.34 MPa。岩芯呈碎块、块状，少量短柱状，锤击不易碎，岩性较硬。岩体基本质量等级为Ⅴ级。中风化(破碎)灰岩物理力学参数如表4.3所示。

表4.3 灰岩物理力学指标

层号	名称	平均值/标准值	抗压强度/MPa			软化系数	抗剪强度		抗拉强度/MPa
			天然	饱和	干燥		黏聚力/MPa	内摩擦角/°	
T1s-3	中风化灰岩	平均值	63.18	62.71	90.28	0.67	5.52	54.01	5.38
		标准值	61.79	61.39	83.33	—	5.27	53.17	4.88
T1s-3′	中风化(破碎)灰岩	平均值	49.57	40.34	—	—	—	—	3.74
		标准值	—	—	—	—	—	—	—
T1s-3j	中风化角砾状灰岩	平均值	60.42	60.05	84.36	0.64	5.12	53.48	5.07
		标准值	56.70	53.96	—	—	4.95	52.68	4.80

注：除抗压强度外，其他指标均为天然状态。

3. 中风化角砾状灰岩

中风化角砾状灰岩呈灰色。钙质胶结，角砾状结构，中厚层—厚层状构造，角砾成分为灰岩。岩芯总体呈短柱、柱状，平均抗压强度略低于中风化灰岩，属较硬岩—坚硬岩，锤击难碎，岩芯采取率值一般为90%～95%，岩石质量指标一般为80%～90%，岩体基本质量等级为Ⅲ级。中风化角砾状灰岩物理力学参数如表4.3所示。

4.1.3　灰岩地层对盾构施工的影响

L—S区间灰岩抗压强度总体较高，岩体较破碎，且夹杂着孤石，对盾构机刀具磨损较大。区间岩溶发育，形态主要以溶洞为主，可见蜂窝状溶孔、溶隙等，以及局部发育小的溶沟、溶槽等。溶洞分布深度、洞体大小不一，以黏土和黏土夹溶蚀岩块充填为主。另外，灰岩地层裂隙发育，地下水富存，水压较大，对盾构掘进姿态、螺旋机喷涌、管片上浮以及地面沉降等控制难度大。

1. 灰岩的影响

（1）区间隧道的稳定性

区间隧道下岩体破碎或存在溶孔、溶蚀裂隙、溶洞等岩溶现象，将会导致地基承载力不足，围岩稳定性变差，无法满足隧道稳定性要求，影响区间隧道的安全。

（2）突泥、突水

区间岩溶区溶洞发育，多被黏性土及碎石充填，钻探存在漏水、漏浆现象。盾构施工前须对地下水的承压性和溶洞的连通性等进行试验研究。若溶洞与水流联系紧密，盾构穿越岩溶区时存在突泥、突水风险。

(3) 刀具的磨损

灰岩抗压强度较高，岩溶发育导致的岩性软硬不均，易使盾构刀具磨损过大。此外，盾构在裂隙发育的破碎地层中掘进时，刀具受到的冲击力较大，容易发生刀圈崩裂等非正常损坏。

(4) 岩溶区域的地面塌陷

盾构施工时，若溶洞位于隧道正中或上方，围岩应力的改变可能导致溶洞向地表进一步发育和扩展，顶板渐薄。当拱顶无法支撑上部土体时，便会发生塌落，形成地面塌陷。

(5) 盾构机姿态不良

灰岩地层基岩面起伏较大，岩溶广泛发育，溶（土）洞填充物与周边岩层软硬差异较大。在此情况下，刀盘工作条件恶化，受力不均，盾构姿态不易控制，容易出现抬头、叩头、偏离轴线等情况。

2. 地下水的影响

灰岩地层岩溶裂隙发育，地下水富存，导水性好，含水量大。盾构施工过程中，容易发生出渣含水量大、螺旋机喷涌、管片上浮等问题。

4.1.4 围岩分级建议

根据岩体基本质量分级方法，结合《城市轨道交通岩土工程勘察规范》（GB 50307—2012），划分灰岩基本质量等级及隧道围岩等级，如表 4.4 所示。

表 4.4　灰岩基本质量等级及隧道围岩等级一览表

层号	岩土名称	岩体完整程度	岩体基本质量等级		围岩级别	
			BQ值	分级	等级	类别
T1s-3	中等风化灰岩	0.58～0.66	442～464	Ⅱ～Ⅲ	Ⅲ	较坚硬—坚硬
T1s-3′	中等风化（破碎）灰岩	0.50～0.56	324～380	Ⅳ	Ⅴ	较硬
T1s-3j	中等风化角砾状灰岩	0.61	409	Ⅲ	Ⅲ～Ⅳ	较硬—坚硬

4.2　灰岩地层盾构刀盘选型

4.2.1　刀盘设计参数

G 市地铁 L—S 区间隧道选用领航号盾构机（化名）。根据区间灰岩地质特性，按照适用性、可靠性、先进性、经济性相统一的原则，领航号盾构机刀盘选型及主要参数如表 4.5 所示。

表 4.5　盾构刀盘形式及主要参数表

盾构型号	领航号
盾构机形式	复合式土压平衡
主机长度/整机长度	9.3 m/约 74 m
刀盘	开挖直径 6 480 mm，整体开口率约 40%
最小平面转弯半径	250 m
主驱动	变频电机驱动，额定扭矩 6 650 kN·m，脱困扭矩 8 320 kN·m
螺旋输送机	运输能力 450 m³/h，通过最大粒径 300 mm
推进系统	最大推力 4 000 t，最大推进速度 10 cm/min
拖车数量	6 节拖车＋1 节设备桥

领航号盾构机选用复合式刀盘,开口率约为 40%。刀盘采用 4 牛腿、4 主梁、4 辅梁的结构。主梁、辅梁和牛腿均采用矩形结构,通过加强受力主梁,可保证刀盘具有足够的刚度、强度。刀盘整体设计形式如图 4.3 所示。考虑到灰岩强度较高,盾构长距离掘进,岩层裂隙发育,岩性软硬不均,且接触界面多变,对盾构机的整体耐磨性要求较高,故在刀盘正面所有裸露部分铺满特种耐磨合金,周边间隔布置三道硬质耐磨合金条,如图 4.4 所示。经过耐磨设计强化后,刀盘整体耐磨性能得到大幅提高。

图 4.3 刀盘整体设计形式示意

刀盘正面设有 2 处磨损检测管路,可检测刀盘磨损。刀盘背面设有 4 根主动搅拌棒,与前盾上的被动搅拌棒一起对土仓内渣土进行搅拌,搅拌棒表面用耐磨焊条网状堆焊,增加耐磨性。刀盘面板上共设计 7 个渣土改良喷口,喷口设计为背装式结构,且焊接喷口保护刀,可手动切换注入泡沫或膨润土。

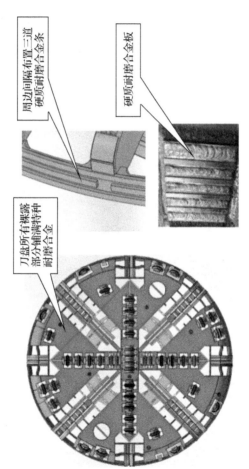

图 4.4 敷焊耐磨合金分布示意图

4.2.2 刀具布置

1. 滚刀

盾构滚刀采用背装式设计,中心刀为4把17寸(约567 mm)双联滚刀[可更换18寸(600 mm)刀圈],正面及边缘刀为35把17寸单刃滚刀(可更换18寸刀圈),刃宽为30 mm,高度为165 mm,正面滚刀间距为85.8 mm。滚刀采用双楔块与安装块组合固定方式,拆卸和安装极为方便,且刀具在工作过程中具有自锁功能,不易脱落,如图4.5所示。

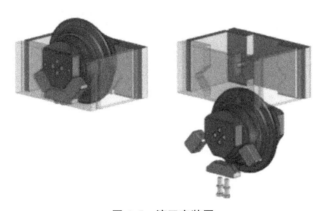

图4.5 滚刀安装图

2. 刮刀

盾构配备48把12寸(400 mm)刮刀(高约127 mm),8把6寸(200 mm)寸刮刀(高127 mm),16把8寸刮刀(高127 mm),16把圆弧刮刀(左右各8把),16把保径刀(左右各8把),16把5寸(约167 mm)保径方刮刀。刮刀安装采取反挂钩槽设计,以提高刀具的使用寿命,如图4.6所示。

第 4 章
灰岩地层盾构施工案例技术分析

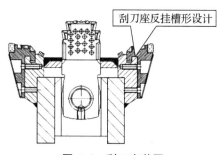

图 4.6　刮刀安装图

4.3　灰岩地层岩溶处理

4.3.1　岩溶探测

因岩溶发育区溶洞分布不均，一般采用钻探与物探相结合的综合勘察手段，查明溶洞的空间位置、分布范围及其填充情况。其中，钻探是探测地下岩溶发育情况最直观的方法，但是钻探的效率比较低，且成本较高、工期较长，不适用对大范围的岩溶勘察；物探是一种间接探测的方法，具有多解性，在溶洞的勘察中应用比较广泛，常使用的物探方法有高密度电法、浅层地震法、跨孔 CT 法（电磁波法和震源法）、陆地声纳法、超声波测井法等。

4.3.2　风险规避

对于勘察中发现岩溶的区段，应进行岩溶专项勘察，通过采取丰富的勘测手段，以多种方法相互印证，摸清岩溶的数量、大小、分布、填充情况以及水力联系等，为岩溶专项处理设计提供可靠的基础资料。

对于发现的处理难度大、成本高的大型、超大型岩溶，优先考虑线路避让方案，使隧道结构尽可能远离岩溶区、接近水位线处，以规避岩溶风险，减轻水患。

4.3.3 处理原则

根据盾构区间地质资料和以往岩溶处理经验，以及有关规范规程建议，岩溶处理原则为：

(1) 区间隧道底部以下地层 6 m，隧道结构外轮廓两侧 3 m 范围之内的未充填、半充填或全充填（充填物强度较低的）溶洞，必须进行岩溶处理。溶洞处理示意图如图 4.7 所示。

(2) 应遵循以地面、盾构机预处理相结合为主，以洞内预留措施处理为辅的原则，避免发生隧道突水、突泥，盾构机"栽头""陷落"，地表沉降过大或坍塌等事故，保证隧道安全施工。

(3) 应先对地面进行处理，之后才能进行盾构掘进。盾构隧道影响范围内或者地质勘察已经揭露的土洞，应该从地面往下进行注浆加固处理。

(4) 对需要进行处理的溶洞，应根据其实际充填情况（全充填、半充填、无充填，以及不同充填物）有针对性地采取处理方法及工艺。对于半填充或无填充土洞、溶洞，先投碎石（素混凝土）充填处理，然后采用静压灌浆处理；对于全填充土洞、溶洞，直接采用静压灌浆，使溶洞内松散充填物被水泥浆压密、渗透，形成固结体。

(5) 对溶洞处理效果的检测，应通过芯样的抗压强度、注浆段的标贯试验以及施工参数来确定。

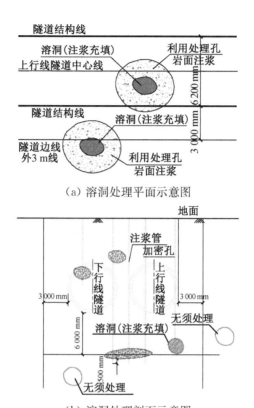

(a) 溶洞处理平面示意图

(b) 溶洞处理剖面示意图

图 4.7 溶洞处理示意图

（6）在进行溶洞处理前，应尽量明确盾构需要换刀的初步位置。在溶洞处理时，应对该处溶洞进行加强处理，以满足后期盾构换刀的地质条件。

（7）岩溶处理施工前，必须查明各种地下管线，避免对其造成破坏。当钻孔位置和地下管线冲突、钻孔施工有困难时，可根据环境情况适当调整其位置。

4.3.4 隧道外处理

针对溶洞、异常区处理的隧道外处理方法如下。

（1）对于钻孔揭示高度不大于 1 m 的无填充溶洞和半

填充溶洞，以及全填充溶洞(充填物强度较低的)，采用静压式注浆的方式。

(2) 对于钻孔揭示岩溶洞穴高度 1~3 m 的无填充溶洞和半填充溶洞，一般采用间歇式静压灌浆。第一次灌浆采用水泥砂浆，灌浆时间控制在 20 min，间歇 6 h 后进行第二次灌浆；第二次灌浆可采用水泥砂浆或浓浆，若在 20 min 内仍不起压，停止灌浆，间歇 6 h 后进行第三次灌浆；以此类推，直至终孔为止。必要时，可在水泥砂浆或水泥浆中适当添加速凝剂。

(3) 对于溶洞高度 3~6 m 的无填充溶洞和半填充溶洞，可考虑先投碎石(5~10 mm)后采用注浆加固的方法。投碎石处理时，在原钻孔附近(约 0.6 m)补钻 4 个投石孔(或根据现场情况调整投石孔数量)，投石孔可相互作为出气孔。投石后，采用全充填注浆加固处理。投石管采用聚氯乙烯(PVC)套管，投石孔的大小也可根据现场施工情况进行调整，达到填石目的即可。

(4) 对于溶洞高度大于 6 m 的特大型溶洞，以充填满为准则，在探明溶洞边界后根据溶洞发育情况，采用投石、注水泥浆等方式相结合的处理方法，对于充填软—流塑黏性土的特大溶洞宜采用高压旋喷桩加固，特大溶洞必须逐一进行钻孔验证充填效果。

(5) 对物探异常区进行钻孔验证。若发现存在溶洞，则根据溶洞大小，采取相应的处理加固方法；若没有发现溶洞，则采用压力注浆的方法，对钻孔进行填充加固和封孔。

4.3.5 隧道内处理

洞外补勘、洞内超前地质预报都存在一定的盲区，难以探测所有溶洞。因此，在盾构掘进时，利用盾构机上自带的超前探测装置，对盾构机前方工作面进行超前地质预报，并认真观察掘进过程中贯入度。同时密切关注土压力及盾构机的垂直姿态，通过地质预报、贯入度、土压力和盾构机垂直姿态等信息，分析前方是否存在溶洞，以及溶洞的填充情况。如发现溶洞，应在隧道内采取以下处理措施。

（1）通过盾构机自带的超前注浆系统和刀盘、前盾自带的膨润土注入系统，向前方注入惰性浆液或者浓度较高的膨润土浆液进行填充，重新建立土压，达到土压平衡，并迅速掘进通过。

（2）在掘进过程中适当增加同步注浆量，并保证同步注浆浆液的质量，随时进行抽检，保证壁后及溶洞填充饱满。

（3）在盾尾通过 5 环后，利用管片上的注浆孔注入水泥浆液，必要时注入双液浆（水泥-水玻璃浆液）进行二次或者多次补强；在注浆过程中，对注浆压力及时进行观察，通过注浆量和注浆压力双控，压力控制在 $0.3\sim0.5$ MPa。

（4）如果隧道内注浆无法满足填充要求，盾构通过后，采用地面钻孔注浆加固的方法进行处理。在钻孔注浆前，确定地面钻孔位置和钻孔高度，避免钻孔时破坏隧道管片结构。在地面钻孔注浆过程中，做好对管片的观测，保证管片的安全。

（5）在隧道内注浆过程中，安排专人进行盯控，保证注浆及时和注浆量满足要求。在地面进行处理时，安排专人在地面和隧道内进行盯控，并保持信息畅通，保证地面注浆填充的质量以及隧道内管片的质量符合要求。

4.3.6 处理效果检测

岩溶处理结束后，须对处理效果进行检测，标准如下。

（1）检测方法及标准：① 钻孔抽芯法，要求 28 d 无侧限抗压强度大于 0.2 MPa；② 随机原位标贯试验法，要求标贯击数大于 10 击；③ 压水检查法，要求压力不低于 0.3 MPa。

（2）检测频率：① 对洞径大于 2 m 的溶洞，必须全部进行质量检测；② 对洞径小于 2 m 的溶洞，随机抽取 10%进行质量检测。

不满足上述检测标准时，应对受检溶洞加固区进行注浆补强。浆液可采用水泥浆（全填充型溶洞）或水泥砂浆（空洞或半填充型溶洞）。注浆补强施工结束后，对注浆孔进行封堵。

4.4 灰岩地层盾构姿态控制

盾构在灰岩地层掘进过程中，若发生抬叩头、掘进偏移或卡壳与陷落等，会出现刀盘整体受力不均、刀具磨损严重、管片出现渗漏或掉块等问题，进而影响盾构机整体推进效率和施工安全。领航号盾构机在 L—S 区间掘进过程中，因遭遇未填充密实岩溶以及软硬不均地层，即发生了抬叩头、掘进偏移以及卡壳等问题。

4.4.1 盾构抬叩头

1. 原因分析

（1）掘进段地质条件存在上软下硬或上硬下软现象。

（2）掘进刀盘前方有较大非填充型溶洞或既有溶洞处理填充率不达标。

（3）掘进过程中盾构姿态未控制好。

2. 预防控制措施

（1）安装盾构基座时，根据隧道设计轴线高程及坡率适当抬高盾构基座。

（2）合理选择盾构千斤顶编组，控制好行程差。

（3）做好地质补勘，提前对岩溶等不良地质段进行处理加固。

（4）盾构掘进过程中，严格控制同步注浆压力，及时进行二次注浆，且控制好浆液的初凝时间。

（5）预留超前注浆条件，当地表环境复杂不易进行地表加固处理时，及时进行洞内的超前注浆。

4.4.2 盾构掘进偏移

1. 原因分析

（1）灰岩地层岩面起伏较大，断面内溶（土）洞填充物与周边岩体的力学特性差异较大。在此情况下，刀盘工作条件恶化，姿态不易控制，易出现盾构机头下垂、向上、偏离轴线等情况。

(2) 灰岩裂隙发育，岩层破碎带较多，岩体软硬不均，致使盾构在灰岩段掘进时的刀盘受力不均，隧道局部开挖过大或过小，导致姿态较难控制，发生偏移等现象。

2. 预防控制措施

(1) 姿态控制中，推进油缸的行程控制是重点。对于环宽 1 200 m 管片，原则上控制推进油缸的行程在 1 700～1 800 mm，行程差在 0～50 mm，以防盾尾刷露出过多或管片脱离盾尾过长，造成管片姿态变差。

(2) 铰接油缸的控制是盾构姿态控制中的另一问题，铰接油缸伸出长度直接影响盾构机掘进中的姿态，尽量减少铰接油缸的长度差，宜控制在 30 mm 以内，行程宜控制在 40～80 mm。

(3) 盾构掘进时，不断调整各分区千斤顶推力和总推力，确保盾构姿态变化控制在±5 mm 以内。

(4) 根据地质情况动态调整盾构掘进参数，盾尾与管片四周间隙要均匀、平衡，注意滚角的变化，及时根据滚角值调整刀盘的转动方向，使其值减小。

(5) 纠偏时放慢掘进速度，纠偏和仰角的调整力度控制在±5 mm/m，不得猛纠猛调，避免由于单侧千斤顶用力过大出现管片破损。

4.4.3 盾构卡壳与陷落

1. 原因分析

(1) 盾构掘进时刀盘切削下来的较大岩块,部分会进入盾壳背后形成挤压状。如果岩块和围岩的抗压强度过高,盾构则会卡壳而无法推进。

(2) 当盾构边缘滚刀、超挖刀磨损过大,使围岩开挖直径与盾壳的外径接近或一样时,切削下来的岩屑就会紧紧卡住盾壳。

(3) 当盾构通过填充或未填充溶(土)洞、软弱区域时,如果溶(土)洞未填充或填充物、软弱区域承载力不高,盾构机容易发生陷落。

2. 预防控制措施

(1) 加强岩溶探测及处理,对溶(土)洞、裂隙、破碎带等进行注浆加固预处理,确保盾构掘进时受力合理,不至于发生陷落问题。

(2) 盾构刀盘选型时,综合考虑灰岩地层特性,合理配置边缘滚刀、超挖刀的数量及高差,避免过小的刀具磨损,即围岩开挖直径应与盾壳的外径接近或一样。

(3) 合理设计滚刀、刮刀的高度差,避免过小的刀高差导致不能有效破岩,从而加大对刀具甚至刀座、刀盘的磨损的情况发生。

(4) 在盾构施工过程中,添加膨润土进行渣土改良,提高渣土和易性;同时,加强对边缘滚刀、超挖刀等的磨损检查,避免因边缘滚刀、超挖刀磨损超限,出现盾构卡壳问题。

4.5 灰岩地层管片上浮

4.5.1 管片上浮概况

领航号盾构机在 L—S 区间掘进过程中，发生管片上浮现象，如图 4.8 所示。盾构管片组装成环并脱离盾尾后，由于管片外壁与周边灰岩之间的环形空隙未被同步注浆浆液有效填充或填充的浆液未有效凝结，管片受浮力作用影响立即出现较大上浮，上浮过程中，环向管片之间产生剪切应力，造成管片错台、开裂、破损和漏水等，如图 4.9 所示。经统计，现场管片上浮量最大值为 45 mm，最小值为 23 mm，上浮平均值为 32 mm。管片上浮问题的发生降低了管片结构的整体强度和抗渗性，严重影响了管片的拼装质量。

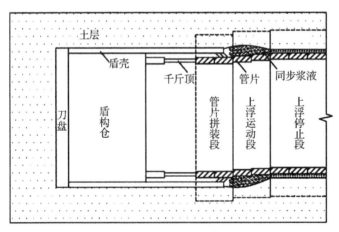

图 4.8 管片上浮示意图

图 4.9 管片的错台、开裂、破损和漏水

4.5.2 原因分析

领航号盾构机在 L—S 区间掘进，发生管片上浮问题，主要原因在于：

（1）地质影响。灰岩地层强度较高，盾构机在灰岩段掘进后，岩体整体完整性较好，形成一个"未衬砌隧道"。管片在脱出盾尾后与围岩之间形成的空隙容易成为地下水的导水通道。由于灰岩地层地下裂隙水十分丰富，在高地下水压力作用下，空隙中填充的浆液容易流失，进而导致管片发生上浮问题。

（2）盾构超挖。盾构刀盘直径大于管片外径，使两者之间存在一定空隙。另外，盾构在裂隙发育的灰岩地层掘进时，刀盘受到的岩层阻力不同，容易使盾构出现蛇形运动，进而导致围岩与管片间的空隙加大。

（3）注浆不当。管片脱出盾尾后，其上浮受到盾尾约束和凝固注浆体的限制。若同步注浆量、注浆压力不足或材料强度、凝结时间不达标，浆液容易被裂隙水稀释，管片不能被浆液有效约束，因受到浮力作用而发生上浮。

（4）掘进参数不合理。盾构推力、掘进速度等参数设置不合理，容易加剧管片的上浮趋势，从而影响隧道的结构稳定性和施工质量。

一般情况下，管片发生上浮是以上原因共同作用的结果。

4.5.3 预防控制措施

通过认真分析管片上浮的原因，现场采取以下预防控制措施，有效地解决了管片上浮问题：一是加强对掘进参数的控制，减少超挖量；二是采取同步注浆和二次注浆，减小管片上浮；三是加强螺栓复紧，提高管片整体抗拉浮能力；四是及时测量，做到早发现、早处理。

1. 加强掘进参数控制

根据灰岩地层分布情况，及时调整盾构掘进参数，如推力、掘进速度等，具体调整方式如下。

（1）适当放缓施工进度，控制拼装和运输车辆振动。在下坡段掘进时，适当增大盾构机上部油缸的推力；在左转弯曲线段掘进时，适当增大盾构机右部油缸的推力；在右转弯曲线段掘进时，适当增大盾构机左部油缸的推力；在直线段掘进时，尽量消除各组油缸的推力差。

（2）在均匀地质条件下，尽量保持所有油缸推力一致（下部除外）；在软硬不均匀地质条件下，遵循硬地层一侧推进油缸的推力适当加大、软地层一侧推进油缸的推力适当减小的原则。

（3）当发现管片上浮速率偏大时，减小推力、减缓推进速度，以减少上浮的分力，使之小于管片的自重力，利用管片的自重力使管片下沉。

2. 加强同步注浆及二次注浆

（1）同步注浆浆液要有足够的流动性，确保浆液可填满盾尾间隙；注入的浆液要在规定的时间硬化，一般硬岩地层凝固时间控制在 6～8 h 内；浆液还须满足较小收缩率以及抗水分散性要求。

（2）当管片脱出盾尾后，及时进行二次双液浆注浆，保证管片背后的空隙得到有效填充，将管片稳定下来。二次注浆要在管片脱出盾尾后 5 环位置进行，一般采取水泥-水玻璃双液浆，最佳凝固时间为 20～30 s。当发现管片出现上浮后，及时在相应位置打开管片背后注浆孔，放掉地下水，进行二次注浆。

3. 加强螺栓复紧

螺栓采取三次紧固法复紧，即在盾尾内（拼装时）进行第一次紧固，在推进时油缸行程达到 800～1 000 mm 的时候进行第二次紧固，在脱离盾尾后进行第三次紧固。

4. 加强测量

盾构掘进时，一般情况下，每天测量一次。当发现管片上浮时，加大测量频率，每 2 环测量一次。此外，还须设立警戒值。当管片上浮累积量超过 30 mm 时，发出警戒，严控掘进参数等；当管片上浮累计量超过 50 mm 时，立即停机，及时实施二次注浆。

盾构在灰岩地层掘进时，也容易发生刀具磨损、螺旋机喷涌等现象，其发生原因与闪长岩地层的类似。预防控制措施分别参见第 3.4.3 节、第 3.5.3 节，此处不再赘述。

4.6 灰岩地层盾构施工经验总结

灰岩地层岩石强度较高，地下水发育，岩溶分布广泛，地层软硬不均，给盾构施工带来一系列挑战。本章以 G 市地铁区间灰岩地层盾构施工为背景，对灰岩地层岩溶的处理以及盾构在灰岩地层的姿态控制、管片上浮等问题进行了详尽分析。主要施工经验总结如下：

（1）合理规划。规划阶段可通过地质勘察，分析拟建轨道交通的地质风险，必要时可采取绕避方案。

（2）加强勘察。可通过钻探与物探相结合的方式，对溶（土）洞孔进行施工补勘，必要时委托勘察单位进行专项勘察、施工补勘和探边，力求查清隧道沿线溶洞分布与充填情况。

（3）严格处理。要严格按照溶（土）洞处理原则，对溶（土）洞的注浆量、浆液配比、终孔压力或速度、注浆效果进行严格把关。

（4）高度重视。灰岩岩层一般较破碎，裂隙发育，溶（土）洞存在相互串联、与岩层裂隙水连通情况。在施工期间要高度重视岩层失水引发的岩（土）洞失稳情况。

（5）合理调线。根据详勘及补勘情况，要考量施工期风险，合理调整线路走向，尽量避开溶（土）洞发育、难处理地段。

（6）精心施工。盾构穿越灰岩地段时，要精心调整掘进参数，尤其是推力、扭矩、掘进速度、刀盘转速、盾构姿态等，确保同步注浆量、注浆压力合理，及时进行二次补浆止水。

（7）加强巡查。灰岩地段地铁施工期间，要加大对周边环境的巡查，避免周边工程施工降水引起溶（土）洞或岩层裂隙串水情况，进而影响盾构施工安全。

（8）重视监测。要通过掌控各监测对象的实际情况，动态调整盾构掘进参数，确保工程及周边环境安全。

第 5 章
砂岩地层盾构施工案例技术分析

第 5 章
砂岩地层盾构施工案例技术分析

盾构机在砂岩地层掘进时，常常遇到刀具磨损、刀盘结泥饼、螺旋机喷涌等情况，导致盾构停机、设备损坏和工程延期。其主要原因是刀盘设计不当、掘进参数与地层特性不匹配、渣土改良效果不佳以及施工经验不足等。本章以 N 市地铁区间砂岩地层盾构施工为例，总结分析了施工中的重点、难点问题及预防控制措施，旨在为类似地层盾构施工提供参考导和借鉴。

5.1　砂岩地层特性

砂岩是一种沉积岩，主要由砂粒胶结而成，其中砂粒含量大于 50%。绝大部分砂岩由石英和长石组成，其中夹杂着一定含量的黏土矿物，常见于沙漠、河床或沿海地区。砂岩的颜色和成分有关，可以是任何颜色，最常见的是棕色、黄色、红色、灰色和白色。砂岩地层在物理性质上表现出一定的孔隙性和渗透性，其强度和稳定性受颗粒大小、胶结物性质以及地质构造等因素影响。部分砂岩遇水软化，岩层稳定性会降低。

5.1.1　工程地质与水文地质

1. 工程地质

N 市地铁 Y—X 区间上覆土层以杂填土、粉质黏土为主，下伏基岩以强风化、中风化砂岩等为主，区间隧道埋深为 8.2~40.6 m，采用盾构法施工，典型地质剖面如图 5.1 所示。盾构穿越地层主要为强风化砂岩、中风化砂岩，穿越地层特征与分布描述如表 5.1 所示。

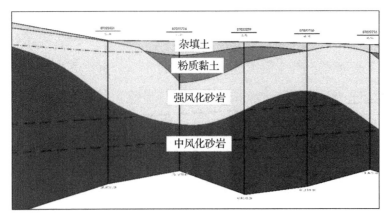

图 5.1 区间隧道典型地质剖面

表 5.1 工程地层特征与分布

时代成因	层号	地层名称	颜色	特征描述	分布	埋深/m	厚度/m
侏罗系象山群 J_{1-2xn}	$J_{1-2xn-2}$	强风化砂岩	灰黄色	原岩结构已基本破坏，风化呈砂土碎块状，锤击易碎，偶夹中风化硬块，遇水软化。岩石基本质量等级为Ⅳ～Ⅴ级	局部分布	1.1～26.8	0.8～17.5
	$J_{1-2xn-3}$	中风化砂岩	灰白色、灰褐色	细粒结构，石英含量较高，节理裂隙发育。上部岩芯呈碎块状，下部呈柱状，一般柱长10～30 cm，岩石质量指标为10%～70%。岩石基本质量等级为Ⅳ～Ⅴ级	未穿透	—	—

2. 水文地质

（1）地下水类型

依据地下水埋藏条件和赋存条件，Y—X区间地下水可分为孔隙潜水、基岩裂隙水两类。孔隙潜水主要赋存于杂填土层、粉质黏土层,一般水量不大,受降水影响明显,但在夏季水量较大。基岩裂隙水主要赋存于强风化、中风化砂岩层,水量受岩体风化、裂隙发育程度、连通性影响较大。由于基岩在两侧山体附近出露地表,基岩裂隙水一般不具有承压性。

(2) 地下水补给、径流、排泄条件

孔隙潜水主要接受大气降水补给,以蒸发及向场地周边侧向径流排泄为主。基岩裂隙水主要接受大气降水及上覆土层孔隙潜水补给,一般不具有承压性;由于地下水补给来源充分,基岩裂隙水较为发育。

(3) 地层渗透性

根据室内试验结果,结合地区经验资料,强风化砂岩中等透水,中风化砂岩弱透水,渗透系数建议值和透水性评价如表 5.2 所示。

表 5.2 岩土层渗透系数建议值和透水性评价

层号	岩土名称	渗透系数建议值/(cm·s^{-1})	透水性评价
$J_{1-2xn2-2}$	强风化砂岩	1×10^{-3}	中等透水
$J_{1-2xn2-3}$	中风化砂岩	4×10^{-4}	弱透水

(4) 地下水水位

地下水水位与地形地貌、地层岩性、裂隙状况、地表水系等密切相关。勘察期间,场地实测孔隙潜水稳定水位埋深 0.5~8.2 m,随地形起伏变化,变化幅度为 1.0~2.0 m,受季节性降雨影响较大,雨季时地下水位较高,最高水位按地表下埋深 0.5 m 考虑;基岩裂隙水稳定水位埋深 1.2~18.6 m，不具有承压性。

5.1.2 砂岩物理力学特性

1. 强风化砂岩

强风化砂岩的原岩结构已基本破坏，岩体较破碎，裂隙较发育。岩芯呈砂土碎块状，手捏易碎，有遇水软化现象，现场芯样如图 5.2 所示。

图 5.2 强风化砂岩芯样

对强风化砂岩开展动探、抗压强度、波速、旁压等试验，结果如表 5.3~表 5.6 所示。根据芯样外观及试验结果，强风化砂岩属于中等密实，天然抗压强度约 23 MPa，岩体裂隙较发育，中等透水，工程性质为较好—良好。由此可见，强风化砂岩在盾构滚刀碾磨下，容易形成粉末状颗粒，进而出现刀盘结泥饼、螺旋机喷涌等现象。

表 5.3 强风化砂岩动探试验指标

层号	名称	值别	$N_{63.5}$	
			实测值/击	杆长修正值/击
$J_{1-2xn2-2}$	强风化砂岩	平均值	20.0	16.8
		标准值	18.5	15.5

表5.4　强风化砂岩抗压强度试验指标

层号	名称	值别	密度/(g·cm^{-3})	抗压强度/MPa		
				点荷载	天然	饱和
J$_{1-2xn2-2}$	强风化砂岩	平均值	2.57	28.51	26.35	22.20
		标准值	2.53	26.24	23.47	20.15

表5.5　强风化砂岩波速测试指标

层号	名称	值别	压缩波速/(m·s^{-1})	剪切波速/(m·s^{-1})	动泊松比	动弹性模量/MPa	动剪切模量/MPa
J$_{1-2xn2-2}$	强风化砂岩	范围值	1 097～1 347	404～537	0.38～0.43	1 089～1 879	383～676
		平均值	1242	504	0.40	1676	598

表5.6　强风化砂岩旁压试验指标（平均值）

层号	名称	初始压力/kPa	临塑压力/kPa	旁压模量/MPa	旁压剪切模量/MPa	侧向基床反力系数/(MPa·m^{-1})	承载力特征值/kPa
J$_{1-2xn2-2}$	强风化砂岩	212	431	14.08	5.41	110	406.94

2. 中风化砂岩

中风化砂岩呈细粒结构，节理裂隙发育。上部岩芯呈碎块状，下部呈柱状，一般柱长10～30 cm，岩石质量指标为10%～70%，岩石基本质量等级为Ⅳ～Ⅴ级，其芯样如图5.3所示。

图5.3　中风化砂岩芯样

对中风化砂岩开展抗压强度、抗剪断强度、波速、旁压等试验,结果如表5.7~表5.10所示。根据芯样外观及试验结果,中风化砂岩岩体较破碎,局部裂隙较发育,抗压强度较高,自稳性好。由此可见,盾构在中风化砂岩地层掘进时,容易发生刀具磨损、管片上浮等问题。

表5.7 中风化砂岩抗压强度试验指标

层号	名称	值别	密度/(g·cm³)	抗压强度/MPa				软化系数
				点荷载	天然	饱和	干燥	
$J_{1-2xn2-3}$	中风化砂岩	平均值	2.78	50.37	48.55	40.26	70.28	0.78
		标准值	—	47.87	44.48	37.78	48.79	—

表5.8 中风化砂岩抗剪断强度试验指标

层号	名称	值别	抗剪断强度		弹性模量/$\times 10^4$ MPa	泊松比
			黏聚力/MPa	内摩擦角/°		
$J_{1-2xn2-3}$	中风化砂岩	平均值	8.17	52.14	3.70	0.26
		标准值	7.11	49.90	3.28	0.24

表5.9 中风化砂岩波速测试指标

层号	名称	值别	压缩波速/(m·s^{-1})	剪切波速/(m·s^{-1})	动泊松比	动弹性模量/MPa	动剪切模量/MPa
$J_{1-2xn2-3}$	中风化砂岩	平均值	2 022~2 161	602~762	0.42~0.46	2 692~4 224	925~1 481
		标准值	2 093	671	0.44	3 322	1 153

表5.10 中风化砂岩旁压试验指标

层号	名称	初始压力/kPa	临塑压力/kPa	旁压模量/MPa	旁压剪切模量/MPa	侧向基床反力系数/(MPa·m^{-1})	承载力特征值/kPa
$J_{1-2xn2-3}$	中风化砂岩	238.0	831.0	7.8	3.0	456.5	482.9

3. 砂岩特性总结

根据以上分析总结 N 市地铁区间砂岩工程特性如下。

(1) 强风化砂岩岩体较破碎，岩芯呈砂土碎块状，锤击易碎，中等透水，有遇水软化现象，岩石基本质量等级为Ⅳ～Ⅴ级。

(2) 中风化砂岩层节理裂隙发育，岩芯呈碎块状、柱状，石英含量较高，岩石抗压强度较高，自稳性好，岩石基本质量等级为Ⅳ～Ⅴ级。

(3) 盾构在砂岩地层掘进时，容易出现刀具磨损、螺旋机喷涌、管片上浮等现象；另外，砂岩地层中不可避免夹杂着各种粉土、黏土，在盾构掘进过程中，刀盘容易出现结泥饼现象。

5.1.3 砂岩地层对盾构施工的影响

1. 砂岩的影响

盾构在风化砂岩地层掘进过程中，强风化、中风化砂岩的硬度差异，容易导致盾构刀具遭受严重磨损。砂岩中石英含量较高，砂岩块在刀盘前的堆积会引起刀具的二次磨损，进而加剧刀具的损耗和更换频率。同时，砂岩地层中混杂的粉土和黏土，在盾构掘进参数控制不当情况下，容易导致刀盘结泥饼，降低盾构掘进效率，增加施工风险。

2. 地下水的影响

盾构在风化砂岩地层掘进过程中，与工程直接相关的地下水为基岩裂隙水。Y—X 区间强风化、中风化砂岩层较破碎，局部裂隙较发育，地下水富存，裂隙接触带是导水通道，接收地表水和侧向基岩水的补给。因此，盾构施工过程中，应制定对基岩裂隙水的防排水措施，尽量减少地下水对施工造成的螺旋机喷涌、管片上浮等不利影响。

5.1.4 围岩分级建议

根据岩体基本质量分级方法，结合《城市轨道交通岩土工程勘察规范》（GB 50307—2012），划分砂岩基本质量等级及隧道围岩等级，如表5.11所示。

表 5.11 砂岩基本质量等级及隧道围岩等级一览表

层号	岩土名称	岩体完整程度	岩体基本质量等级		围岩级别	
			BQ值	分级	等级	类别
$J_{1-2xn2-2}$	强风化砂岩	0.25	223	V	V～VI	较软—较硬
$J_{1-2xn2-3}$	中风化砂岩	0.49	336	IV	IV～V	较硬—坚硬

5.2 砂岩地层盾构刀盘选型

5.2.1 刀盘设计参数

N市地铁Y—X区间隧道选用超越号盾构机（化名）掘进施工，其刀盘形式及主要参数如表5.12所示。

表 5.12　盾构刀盘形式及主要参数表

项目	主要参数
盾构型号	超越号
开挖直径/mm	6 470
刀盘形式	复合式刀盘，6 辐条＋6 面板
驱动形式	电驱
刀具类型	滚刀(18 寸，即 600 mm)＋刮刀
开口率/%	35
中心开口率/%	38
转速范围/(r·min^{-1})	0～1.78/3.5
最大扭矩/(kN·m)	6 449
脱困扭矩/(kN·m)	7 739
最大推力/t	4 086
最大推进速度/(mm·min^{-1})	80

超越号盾构机采用 6 辐条＋6 面板＋格栅复合刀盘形式应对砂岩地层，在对粒径进行筛选的同时，提高掘进效率，降低滞磨率；刀盘正面设置 6 个泡沫注入口，以及 4 个被动搅拌棒，用以改良仓内的渣土，保证渣土的流动性。超越号盾构机的刀盘整体设计形式如图 5.4 所示。

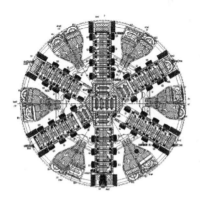

图 5.4　超越号盾构机刀盘设计形式

考虑到砂岩地层对刀盘和刀具的磨损较大，尤其上软下硬地层，掌子面不易稳定，须用土压平衡模式掘进，该模式土仓内和掌子面通常会充满渣土，其有效磨损面大，渣土滞磨率高，这使得刀盘设计时耐磨需求更大。因此，在刀盘面板焊接碳化钨耐磨复合钢板[图 5.5(a)]，在扭腿等处焊接耐磨网格；在刀盘外周设置 2 圈合金耐磨环、1 圈耐磨块、16 把圆周保护刀和整圈合金块[图 5.5(b)]；在刀盘背面和边缘过渡区，焊接致密耐磨网格[图 5.5(c)]，确保刀盘的耐磨性能。另外，在刀盘中部和外周设置磨损检测管路，用于预警刀盘外周和面板的磨损情况。

(a) 刀盘面板耐磨复合钢板

(b) 刀盘外周耐磨块

(c) 刀盘背部耐磨网格

图 5.5　刀盘耐磨性设计

5.2.2 刀具布置

为提升破岩能力,超越号盾构机在刀盘中心配置6把18寸(600 mm)中心双联滚刀,刀间距为90 mm,刀高为187 mm;在刀盘正面配置35把18寸单刃滚动,刀间距为75 mm,刀高为187 mm,其中2把单刃滚刀同轨迹布置在刀盘最外侧,以保证开挖直径;另外,在刀盘正面还配置43把刮刀,刀高为135 mm,宽度为250 mm;滚刀与刮刀之间的刀高差为52 mm。超越号盾构机的刀具配置及主要参数如表5.13所示。

表5.13 盾构刀具配置及主要参数表

项目	主要参数	
盾构型号	超越号盾构机	
开口率	35%	中心开口率38%
中心双联滚刀	6把	刀高187.7 mm 刀间距90 mm
单刃滚刀	35把	刀高187.7 mm 刀间距75 mm
正面刮刀	43把	刀高135 mm
边缘刮刀	12把	刀高135 mm
保径刀	16把	刀高135 mm
大圆环保护刀	16把	—
超挖刀	1把	伸出量40 mm
泡沫注入口	7个	—

5.3 砂岩地层刀具磨损

5.3.1 刀具磨损概况

超越号盾构机在砂岩地层掘进时，遭遇了严重的刀具磨损问题，如表 5.14 所示。表 5.14 中统计数据显示，从 328 环至 335 环，共掘进 7 环，更换了 48 把刀具；从 335 环至 413 环，共掘进 78 环，更换了 26 把刀具；从 328 环至 413 环，共掘进 85 环，更换了 74 把刀具，其中 34 把为滚刀，40 把为刮刀。这表明，盾构平均每掘进 1.1 环就需要更换一把刀具，频繁的换刀作业显著降低了施工效率。

表 5.14 刀具更换情况统计

开仓时间	线路	开仓环号	开仓点地质	刀具更换数量
2019 年 12 月 10 日	左线	328 环	强风化砂岩、中风化砂岩	—
2019 年 12 月 16 日	左线	335 环	强风化砂岩、中风化砂岩	滚刀 21 把 刮刀 27 把
2019 年 12 月 28 日	左线	413 环	强风化砂岩、中风化砂岩	滚刀 13 把 刮刀 13 把

另外，盾构在掘进 328 环至 413 环期间，统计出的刀具磨损形式包括以下 4 种：均匀磨损[图 5.6(a)、图 5.6(b)]、崩刃[图 5.6(c)]、合金块及刀圈脱落[图 5.6(d)、图 5.6(e)]、弦磨[图 5.6(f)]。

超越号盾构刀具在不同风化程度砂岩地层中的磨损情况如表 5.15 所示。表 5.15 中统计数据显示，在破碎的强风化砂岩地层中，刀具均匀磨损、崩刃及刀圈脱落、弦磨

(a) 滚刀磨损　　　　　　(b) 刮刀磨损

(c) 滚刀崩刃　　　　　　(d) 刮刀合金块脱落

(e) 刀圈脱落　　　　　　(f) 滚刀弦磨

图 5.6　砂岩地层刀具磨损情况

表 5.15　刀具磨损情况

岩层特征	地勘地质	损坏形式	占比/%
破碎岩层	强风化砂岩	均匀磨损	62
		崩刃及刀圈脱落	27
		弦磨	11
完整岩层	中风化砂岩	均匀磨损	79
		弦磨及刀圈脱落	21

3 种情况占比分别为 62%、27% 和 11%；在完整的中风化砂岩地层中，刀具均匀磨损、弦磨及刀圈脱落占比分别为 79%、21%。由表 5.15 可见，盾构在破碎或完整的砂岩地层掘进，刀具的磨损主要以均匀磨损为主，主要原因是砂岩地层石英砂含量大，强度较高，刀具切削岩层时磨

损以及二次磨损量大。

5.3.2 原因分析

超越号盾构机在砂岩地层掘进期间,遭遇了强风化、中风化砂岩,岩体的碎散性差异导致了刀具的不均匀磨损和损坏。经深入调研分析,发现导致盾构刀具快速磨损的主要原因如下。

(1) 砂岩地层特性影响。盾构机穿越砂岩地层时,岩体的不均匀性,如强度的差异以及矿物成分的变化,容易导致刀具磨损。应特别注意的是,砂岩地层中的石英含量高,更会显著加快刀具的磨损。此外,不同风化程度的砂岩因其强度、硬度和碎散性的变化,也会对刀具造成不同程度的损害,有时甚至导致刀具崩刃或刀圈脱落等问题。

(2) 刀具配置不合理。盾构穿越砂岩地层时,岩体的碎散性以及岩层中高含量的石英,会导致刀具的磨耗量较大,换刀频繁;刀盘选型时,若未对刀具采取有针对性的设计,则难以抵抗砂岩地层给刀具带来的磨蚀和冲击。

(3) 施工操作影响。盾构机的掘进参数,如推进速度、推力、扭矩等,未能较好地适配砂岩地层,也是导致刀具非正常磨损的原因之一。

(4) 泥饼形成。砂岩地层中的粉土和黏土矿物会在刀盘表面累积,形成泥饼,从而引发一系列问题:其一,虽然盾构总推力保持不变,但有效推力却显著降低;其二,泥饼的存在增加了滚刀与石英砂土之间的磨蚀,加速了滚刀磨损;其三,泥饼紧抱滚刀,阻碍了其正常旋转,导致刀具不均匀磨损，如偏磨和弦磨；其四，滚刀与地层的摩擦还产生大量机械热，这种热能被金属部件吸收后会降低其性能；其五，缺乏有效的渣土改良措施，这进一步增加了泥饼形成的风险。

（5）维护不及时。刀具维护和更换不及时，导致磨损加剧，增加了刀具损坏的风险。

5.3.3　预防控制措施

为减缓盾构掘进过程中的刀具损耗，通过广泛调研、深入分析以及试验总结，对盾构掘进参数进行了精细调整，具体是降低刀盘转速、掘进速度，并减小贯入度。调整后，盾构刀具损坏明显减少，如表 5.16 所示。由表 5.16 可见，盾构从 413 环掘进至 619 环，共 206 环，刀具平均损环量仅为 2.6 环/把，比未调整参数前 1.1 环/把有显著的提高。

表 5.16　调整参数后刀具磨损情况

序号	开仓里程	刀具更换数量	损坏情况	平均损坏情况
1	413 环	—	—	—
2	507 环	滚刀 34 把；刮刀 18 把	1.8 环/把	2.6 环/把
3	619 环	滚刀 14 把；刮刀 13 把	4.1 环/把	

为进一步降低刀具的损耗，提高掘进效率，盾构掘进期间，还采取了以下预防控制措施。

（1）设置预定开仓地点。按照砂岩地层的特性，设置预定开仓检查地点，及时检查或更换刀具。每 50 环检查刀具及观察掌子面岩层情况一次，每更换一次刀具进行1～2次刀具螺栓复紧，保证刀具在掘进过程中的稳定性和可靠性。

（2）优化刀具配置。对于刮刀，通过焊接合金块的方式，提高其耐磨性和抗冲击性；对于滚刀，在破碎硬岩层采用宽刃滚刀，增加刀具抗冲击性；在完整硬岩层采用窄刃滚刀，结合单把刀承受荷载能力，适当增加推力破岩。

（3）使用渣土改良剂。采取向刀盘前及螺旋输送机内，注入含水量较大的泡沫，改良渣土，使渣土具有良好的流动性，降低刀盘作用在掌子面上的有效扭矩，同时减少刀具连续工作状态下的磨损量。

（4）加强监测。利用动态监测装置，对刀具的磨损情况进行实时监测，及时调整施工策略。当刀盘扭矩、推力等参数异常于正常掘进数据时，或刀盘振动波动较大、土仓内出现异响时，及时开仓检查刀具。

（5）严格控制出土量。结合地面沉降监测对出土量进行双重控制：一是通过油缸行程严格计算每斗出土量，二是渣斗吊至地面时由地面值班调度记录出土量。

5.4 砂岩地层刀盘结泥饼

5.4.1 刀盘结泥饼概况

砂岩地层除含有大量石英外，还夹杂着一定含量的黏土矿物。盾构在砂岩地层掘进过程中，切削下来的岩渣在刀盘上集聚，会形成厚厚的泥饼，导致刀盘无法正常切削和推进，这是盾构施工领域的一大技术难题，具体表现在：

（1）刀盘覆盖泥饼。在盾构掘削过程中，砂岩地层中的黏土矿物会慢慢吸附在刀盘的表面，使其表面覆盖一层致密的泥土，甚至可能完全看不到刀具本身。被包裹的刀具可能无法正常旋转和切削，极大地降低了刀盘的开口率，影响渣土排出的通畅性。

（2）掘进性能降低。刀盘结泥饼现象会显著降低掘进速度，并可能迫使盾构增加推力以维持掘进。泥饼的形成增加了刀盘的摩擦力，进而引起设备负荷上升，导致能源消耗大幅增加。在严重情况下，泥饼还可能引起刀盘卡死，需要频繁停机进行清理和维护，严重影响施工进度。

（3）监测数据异常。刀盘结泥饼会导致盾构推力、扭矩显著升高，掘进参数出现的明显波动，将会影响施工的稳定性和效率。

（4）施工风险加大。结泥饼区域的存在，可能导致刀盘不稳定，增加掘进时的振动和摇晃，增加事故发生的风险。

图 5.7　砂岩地层刀盘结泥饼

（5）处置成本增加。刀盘可能因泥饼卡死而需要频繁停机清理,不仅增加维护成本,还延长工程周期,容易对施工安全和工程进度造成负面影响。

5.4.2 原因分析

刀盘结泥饼可以用烧结理论进行解释。黏土颗粒及岩块变成碎屑和粉末状是形成泥饼的基础材料,当在一定的温度和时间下,由于表面张力的作用,经过颗粒的黏附作用、物质传递和气相传质等过程,土体颗粒孔隙逐步得到填充,土体颗粒转变成致密的烧结体。由于刀盘中心部位开口率相对较小,若渣土改良不到位,在刀盘刀具的碾压下,黏性颗粒极易在中心滚刀刀箱位置混合,中心滚刀逐渐失去转动能力。随着摩擦力增大,温度逐渐升高,自刀盘中心位置向四周逐步在刀盘面上形成附着的泥饼,并在掘进过程中的高温高压作用下不断变硬、变厚,最终导致刀盘大面积被泥饼糊死,盾构机掘进速度降低,推力及扭矩增大,刀盘卡顿。未及时处理将造成刀具偏磨。

根据现有研究成果及施工经验,结合工程现场实际情况,深入分析砂岩地层刀盘结泥饼的主要原因,可概括为以下 4 点。

(1) 地质因素。砂岩地层中富含黏土矿物颗粒,具备遇水软化的特点,这些黏土矿物被切削下来后,容易在刀盘上聚集,形成泥饼。

(2) 刀盘设计与刀具结构。刀盘设计选型,尤其是开口率选择,不太适合砂岩地层,刀具组合不合理会导致刀盘刀具切削效果不佳,砂岩被反复磨成细颗粒,积聚在刀盘上。

(3) 掘进参数。在砂岩地层中掘进时，盾构的掘进速度、推力等控制不合理，导致渣土不能及时有效地排出，致使切削下来的渣土聚集在刀盘。

(4) 设备故障。渣土改良系统运行不畅，如泡沫管路堵塞无法正常冲刷中心区域等，导致中心区域渣土产生堆积效应而糊住刀盘。另外，泡沫冲刷对刀盘刀具降温也起到重要作用，若施工过程中渣土无法被正常带走至温度过高时，已形成的泥饼同时受到"烧结促成"作用而进一步积聚。

5.4.3 预防控制措施

(1) 及时掌握地层变化。在盾构掘进过程中，应及时获取出土和地层情况，比较它们与勘察报告的一致性。根据地层的变化及时调整掘进参数和模式。如果掘进过程中地层未变化，但出现速度降低、土压力不稳定、推力和扭矩增大、渣温升高等现象，可能是结泥饼的迹象。这时，应该向土仓注入适量的分散剂或分散性泡沫，以分散刀盘上的泥饼，减轻黏性土对刀盘的附着。

(2) 提高渣土改良成效。在盾构掘进过程中，要特别注意保持各个注入口畅通，尤其是刀盘的泡沫喷口和喷水口。如果发生堵管情况，在推进过程中必须及时进行疏通，以确保渣土能够顺利排出。

(3) 根据地层情况调整掘进模式。在黏土及含黏粒较高的地层中，应控制掘进模式，稳定掌子面后尽可能采用气压辅助模式。该模式是通过在土仓内注入压缩空气或泡沫，置换部分渣土，利用气压和土压稳定掌子面，同时防止地下水进入土仓，减少水土流失。这种措施可以降低泥饼生成的可能性。

（4）盾构掘进参数控制。盾构在黏性土含量较高的砂岩地层中掘进时，对于土压力的设定，应以静止土压力理论计算的土压力为基础，合理控制土仓压力。同时，根据土压情况判断土仓渣土充填情况，以减少满仓掘进的可能性。在软硬不均的砂岩地层掘进时，应增加渣土采样频率，准确测量渣土温度，综合分析渣样、渣温以及推进速度、推力、扭矩的匹配性，根据分析情况及时调整参数，防止"泥饼"形成。

（5）避免长时间停机。在盾构施工过程中，应尽量避免满仓长时间停机。如果需要长时间停机，可适当加入泥浆或黏性较差的膨润土或砂土来充填土仓，以减小刀盘及刀具板结泥饼的可能性。同时，在软硬不均砂岩地层长时间掘进时，应尽量采用气压辅助模式半仓掘进，减少刀盘中心区域渣土的滞留堆积时间，从而减少泥饼生成的主要介质条件。

（6）主动开仓检查。在盾构施工过程中，特别是在上软下硬地层中，应定期主动进行开仓检查，以便准确了解前方地层的地质情况和刀具的磨损情况。如果发现较多的渣土堆积在刀盘箱体区域，应及时、彻底清理，以防止刀盘结泥饼的形成，从而起到预防作用。如果发现刀盘有泥饼黏着时，也应立即进行清理。

第 5 章
砂岩地层盾构施工案例技术分析

盾构在砂岩地层掘进时,也容易发生螺旋机喷涌、管片上浮等现象,其发生原因与在闪长岩、灰岩地层的类似,预防控制措施分别参见第 3.5.3 节、第 4.5.3 节,此处不再赘述。

5.5 砂岩地层盾构施工经验总结

砂岩石英含量高,风化不均,抗压强度较大,节理裂隙发育,透水性强。盾构在砂岩地层施工过程中,常常遇到刀具磨损、刀盘结泥饼、螺旋机喷涌、管片上浮等问题。本章以 N 市地铁区间砂岩地层盾构施工为背景,对盾构发生上述问题的主要原因及预防控制措施进行了详尽分析。主要施工经验总结如下。

(1) 砂岩石英含量高,地层风化不均,硬度差异较大,盾构掘进时,刀具容易出现磨损现象。故在刀具优化配置方面,除考虑提高破岩效率等要求外,还须考虑耐磨损和抗冲击性能。

(2) 为减轻刀具磨损,在破碎砂岩地层,盾构可采用宽刃滚刀,增加刀具抗冲击性。同时,要降低刀盘转速及掘进速度,降低贯入度。在完整砂岩地层,盾构可采用窄刃滚刀,结合单把刀承受荷载能力,适当增加推力破岩,同时,提高刀盘转速,降低贯入度。

(3) 砂岩地层富含黏土矿物颗粒,盾构掘进时,容易因刀盘结泥饼降低效率。故在盾构选型时,要关注开口率、刀具组合等设计。在盾构掘进时,要采取调整掘进模式、加强渣土改良、严控掘进参数等措施,消除施工风险。

（4）针对刀盘结泥饼问题，虽然可以通过开仓清理有效去除泥饼，但开仓耗时久、费用高且具有一定的风险。因此，应尽量采用其他预测预警的方法，对结泥饼风险进行提前判识，以降低施工安全风险。

（5）砂岩地层节理裂隙发育，地下水富存，盾构施工过程中，应注意做好土仓压力控制、渣土改良、同步注浆以及二次注浆等基础工作，减少地下水对螺旋机喷涌、管片上浮等的不利影响。

参考文献

[1] 周维垣.高等岩石力学[M].北京:水利电力出版社,1990.

[2] 贺永年,韩立军,王衍森.岩石力学简明教程[M].徐州:中国矿业大学出版社,2010.

[3] 蔡美峰.岩石力学与工程[M].2版.北京:科学出版社,2013.

[4] 中华人民共和国住房和城乡建设部.工程岩体分级标准:GB/T 50218—2014[S].北京:中国计划出版社,2015.

[5] 吴顺川.岩石力学[M].北京:高等教育出版社,2021.

[6] 化建新,郑建国.工程地质手册[M].5版.北京:中国建筑工业出版社,2018.

[7] 雷升祥.地铁施工手册[M].北京:人民交通出版社,2020.

[8] 周文波.盾构法隧道施工技术及应用[M].北京:中国建筑工业出版社,2004.

[9] 张凤祥,朱合华,傅德明.盾构隧道[M].北京:人民交通出版社,2004.

[10] 张凤祥,傅德明,杨国祥,等.盾构隧道施工手册[M].北京:人民交通出版社,2005.

[11] 宋云.盾构机刀盘选型及设计理论研究[D].成都:西南交通大学,2009.

[12] 周喜温.土压平衡式复合盾构刀盘的刀具优化配置研究

[D].长沙:中南大学,2010.

[13] 欧阳涛.盾构典型刀具组合破岩受力特性研究[D].长沙:中南大学,2011.

[14] 赵多.复合式盾构机刀盘刀具布局方案的研究[D].天津:天津大学,2012.

[15] 孙红宇.上软下硬地层结合面盾构滚刀破岩机理研究[D].徐州:中国矿业大学,2019.

[16] 许丽群.软硬交互地层盾构刀盘结构设计及开口特征研究[D].北京:北京交通大学,2020.

[17] 李思南.软硬交互地层下EPB盾构机刀盘结构优化设计[D].济南:山东建筑大学,2020.

[18] 张锟.富水风化闪长岩复合地层土压平衡盾构渣土改良与带压开舱控制技术研究[D].济南:山东大学,2020.

[19] 刘浩,徐前卫,刘毅,等.济南地区盾构隧道富水闪长岩物理力学特性试验研究[J].水利与建筑工程学报,2020,18(6):196-222.

[20] 何定高.富水闪长岩地层盾构渣土改良技术研究[J].铁道建筑技术,2022(3):139-142.

[21] 叶家民,扶亮,张琪.中风化、强风化泥质粉砂岩地层刀盘易结泥饼问题研究[J].现代隧道技术,2022,59(S2):239-244.

[22] 王建伟.中风化石英砂岩地层盾构掘进刀具磨损分析[J].铁道建筑技术,2023(11):187-190.

[23] 冯利坡,廖少明,周德军.泥质粉砂岩地层地铁盾构掘进渣土改良技术研究[J].隧道建设(中英文),2021,41(S2):158-164.

[24] 傅鑫晖,莫涛,张晨,等.复合地层盾构机刀盘结泥饼成因及

预防措施[J].地下空间与工程学报,2020,16(S2):864-869.

[25] 邓如勇.盾构刀盘结泥饼的机理及处置措施研究[D].成都:西南交通大学,2018.

[26] 王春辉.盾构隧道管片上浮原因分析及应对措施[J].工程机械与维修,2020(1):88-89.

[27] 王亦玄.南京地铁全断面风化砂岩盾构施工关键技术研究[D].南京:南京林业大学,2013.

[28] 张子龙.浅谈中风化富水砂岩地层盾构管片上浮受力分析及控制技术[J].中国设备工程,2022(5):105-107.